国家社科基金
重大项目成果

对外汉语教学语法丛书
◎**总主编** 齐沪扬

语气副词

李铁范 ◎主编 | 陈晓蕾 ◎著

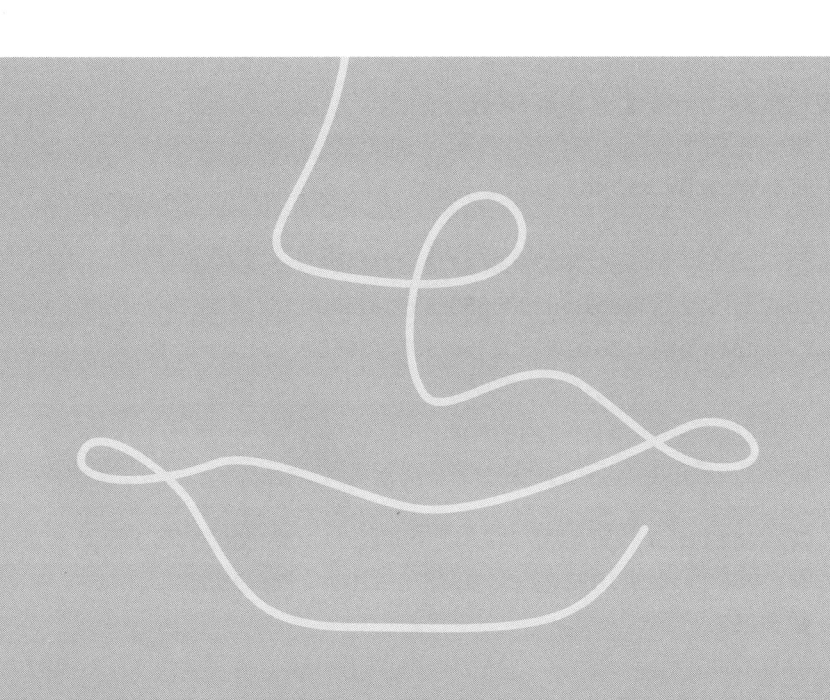

北京语言大学出版社
BEIJING LANGUAGE AND CULTURE
UNIVERSITY PRESS

© 2023 北京语言大学出版社，社图号 23117

图书在版编目（CIP）数据

语气副词 / 李铁范主编；陈晓蕾著. —— 北京：北京语言大学出版社，2023.9
（对外汉语教学语法丛书 / 齐沪扬总主编）
ISBN 978-7-5619-6338-8

Ⅰ.①语… Ⅱ.①李… ②陈… Ⅲ.①汉语－语气（语法）－副词－对外汉语教学－教学研究 Ⅳ.①H195.3

中国国家版本馆 CIP 数据核字（2023）第 164424 号

语气副词
YUQI FUCI

排版制作：	北京光大印艺文化发展有限公司
责任印制：	周 燚

出版发行：	北京语言大学出版社
社　　址：	北京市海淀区学院路 15 号，100083
网　　址：	www.blcup.com
电子信箱：	service@blcup.com
电　　话：	编 辑 部 8610-82303647/3592/3395
	国内发行 8610-82303650/3591/3648
	海外发行 8610-82303365/3080/3668
	北语书店 8610-82303653
	网购咨询 8610-82303908
印　　刷：	北京联兴盛业印刷股份有限公司

版　次：	2023 年 9 月第 1 版	印　次：	2023 年 9 月第 1 次印刷
开　本：	787 毫米 × 1092 毫米　1/16	印　张：	15.75
字　数：	257 千字		
定　价：	82.00 元		

PRINTED IN CHINA
凡有印装质量问题，本社负责调换。售后QQ号1367565611，电话010-82303590

总　序

摆在读者面前的，是国家社科基金重大项目"对外汉语教学语法大纲研制和教学参考语法书系（多卷本）"（17ZDA307）的所有成果。这些成果包括大纲系列4册、书系系列26册、综述系列8册，以及选取研究过程中发表的一部分优秀学术论文集辑而成的论文集1册，共计39本著作，约700万字。这个项目的研制，历时5年有余，参加的研究人员多达50余人，来自国内和海外近30所高校。

2017年11月，全国哲学社会科学工作办公室正式公布"2017年度国家社科基金重大项目立项通知书"。2018年4月14日，国家社科基金重大项目"对外汉语教学语法大纲研制和教学参考语法书系（多卷本）"的开题报告会举行。2019年8月，2017年度国家社科基金重大项目中期检查评估报告提交，2023年1月召开课题结项鉴定会。

根据专家组意见，特别是专家组组长赵金铭教授两次谈话的意见，按照全国哲学社会科学工作办公室立项通知书上的要求，本项研究牢固树立问题意识、创新意识和精品意识，立足学术前沿，体现有限目标，突出研究重点，注重研究方法，符合学术规范。项目的执行情况、所解决的问题和最终成果如下：

大纲、书系和综述是主要的研究成果。三类不同的成果面对的读者是不一样的：大纲是给教师教学与科研使用的，同时也顾及学习汉语、研究汉语的一些国际学生；书系主要是给在一线教学的对外汉语教师看的，以解决这些教师在教学过程中的实际问题为目的；综述是对大纲和书系的补充，主要面向对外汉语教师、汉语国际教育专业研究生和本科生，以及需要进一步了解、研究相关领域的群体，为这些人继续研究相关问题提供材料和方法。三种不同的读者群体决定了三类成果的不同写法。

1. 大纲研制

大纲研制的最终成果是两套大纲：分级大纲（初级大纲和中级大纲）和分类大纲（书面语大纲和口语大纲），共 4 册。语法大纲不局限于语法知识本身，而是以学习者语言能力的培养为目标。凡是能促进学习者语言能力的语法项目都应析出为大纲的项目。语法项目的编排依据的是语法形式，使用条件式来描述细目的功能。使用条件式有利于促进语法知识转化为语言能力。

分级大纲中语法项目的等级不宜简单理解为语言本身的难度区分，更应理解为习得过程性的内在要求。以促进学习者生成语言能力为目标，支持学习者语言能力生成的语法项目都应列目，项目编排以语法结构为基础，细目的描写以促进语言能力生成为重。大纲体现习得的过程性，总体上为螺旋形呈现。

目前对外汉语教学和科研依据的都是通用语体的语法大纲，至今尚没有分语体的大纲问世，这种状况显然与发展迅速的第二语言教学事业不相适应。书面语语法大纲和口语语法大纲的研制，填补了大纲研究的空白，在今后的教学指导、教材编撰、汉语水平测试等方面，都能发挥很大的作用。

2. 书系研发

我们在全国范围内分三批次遴选和推荐了撰稿人，这些撰稿人都有长期从事对外汉语教学的经历，且都是语法专业背景出身。从目前情况看，学术界和教学界都需要这一类书，这套书也具有填补空白的作用。而且，这套书是开放性的，条件成熟了可以再继续做下去，达到 30 本到 50 本的规模，甚至再多一些都是可能的。

书系的研发应以"语法项目"作为书名，不求体系完整，成熟一本撰写一本；专业性不能太强，要考虑到书系的读者需求，他们阅读这本书是为了解决教学上的问题，除了必要的理论阐述和说明之外，要尽量早一点儿切入到教学中去；提出的问题要切合教学实际，60~80个问题，其实就是这本书的目录，有人来查，很快就能对症下药，找到自己想要的东西；提的问题要有针对性，要有实用性，针对学生的水平等级，围绕这个语法项目，把教学上可能遇到的问题按等级排序。总之，这是一套深入浅出的普及性小册子，一定会受到广大对外汉语教师的欢迎。

3. 综述编著

按照标书要求，阶段性成果包括两套综述汇编。编著这两套综述汇编，首先是项目研制的需要，是和大纲研制、书系研发互相支撑、互相配合的；其次是近20年的综述汇编，学术界和出版界均尚无相关成果问世，很多研究者迫切需要这方面的资料；最后是这套综述汇编的写法与其他综述成果不同，两套综述不仅仅是"资料汇编"，里面更有很多作者的评议和引导，是"编著"类的"综述"，这类"综述"其实是不多的。这样的写法比目前在做的或者已经出版的"综述"要科学得多，实用得多。

综述分为两套：《近20年对外汉语语法教学研究》和《近20年汉语作为第二语言语法习得研究》。综述的主要读者应该是研究者，是关心该领域的研究者，作者收集的材料要尽可能齐全，作者所做的分析要有依据，作者做出的解释要能让研究者信服。两套综述都能做到对相关问题做出梳理，述评结合，突出评价的学术性、原创性和实用性，力图使读者对相关论题有一个全面的认识和深刻的思考，并为进一步的研究提供方向。

对上述这些成果的介绍只能点到为止，事实上，具体到每一本著述，都是有必要重点介绍的。好在每套书都另有主编，请读者自行阅读每套书的主编写的"序"吧。我这里还想向读者介绍的是这些著述的作者们，没有他们，这些成果难以问世。

本项课题涉及面广，研究人员多，在最初填写招标书时我们已经意识到了："本项研究工程浩大，……大纲和书系非一校之力可完成，将集中全国不同高校共同承担。"本课题前后参加研究的人员有50多人，分布在国内及海外近30所高校。如何将这些研究人员组织起来，集思广益，凝神聚力？课题组在"集全国高校之力"上，下了大力气。

原先设想由某个高校具体负责某块项目研究，但该想法在实际操作中遇到了问题。开题报告会后，课题组调整后的组织方式体现出优势来。四个研发小组的组长取代了原来子课题负责人的职位和功能，优势体现在：他们面对的是具体的项目，而不是具体的研究人员；他们针对项目选取研究人员，而不是为已有的研究人员配备研究内容；他们可以从全国高校选择自己相中的研究人员，而不需采取先满足校内再满足校外的程序和方式。人尽其才，物尽其用，效率提高，质量保证，自然是意料之中的结果。例如，书系组的20多位作者来自15所高校，综述组的作者来自12所高校。这是第一个方面。

第二个方面，就是充分利用会议的机会，将会议定位于有目标的会议、有任务的会议，让会议开出成效来。自课题立项之后，围绕着课题的研究进展，课题组已经开过多次会议。一是一年一度的"教学语法学术讨论会"，课题组所有人员都参加，至今已经开过多届：淮北（2017）、扬州（2018）、南宁（2019）、黄山（2020），等等。二是一年多次的课题专项讨论会，有需要就开。如在杭州，就分别开过综述组、数据平台组、书系组的专项讨论会；在南京、上海都开过大纲组的专项讨论会；2020年7月，在腾讯会议上开过两次大纲组的专项讨论会；等等。这些会议目标明确，交流便捷，解决问题能力强，时间跨度短，是联络不同高校研究人员的好方式。

这套书的所有主编和作者都十分尽力。对外汉语教师的工作量很大，大多数人都有每周10节以上的课时量；况且，大多数人的手上还有自己的科研项目要做，还有自己指导的研究生的论文要看，还有各自的不同研究论文要写。种种忙碌和辛苦之中，要挤出这么多时间和精力，去从事另外一块研究任务，还是高标准、有要求、无报酬的研究任务，如果没有一种对对外汉语教师这个职业的由衷热爱，没有一种为对外汉语教学事业做点儿贡献的精神支撑，他们是断然不可能接受这样的研究任务的。更何况有些作者接受了两项不同的研究任务，研究强度和研究压力可想而知。因此可以这么说，这些成果渗透着作者们的辛劳，饱含着作者们的心血，每一本都是"呕心之作"，这样的赞誉是得当的。

北京语言大学出版社是这个项目的合作者和推动者。项目立项不久，出版社和课题组就有过接触。出版社前后两任社长和总编辑都向课题组表过态，希望这个课题的所有成果能在北京语言大学出版社出版，出版社愿意为课题的宣传、推广、出版尽责任，做贡献。2020年1月，课题组和出版社有过进一步的密切联系，敲定了详细的合作计划。2022年3月，出版社申报的"对外汉语教学语法丛书"成功入选2022年度国家出版基金资助项目。这些成果的出版，没有出版社的支持是做不到的。

再次感谢在漫长的研究过程中给予我们支持、帮助的所有老师和朋友。

对于这套教学参考语法书系，这里想重点介绍下这套书系的编撰特点和编撰原则。编撰特点可以归纳为以下四点："设计理念要接受多元的语言学理论指导""编撰方针是两种语法分析方法的结合""结构框架要考虑本体研究和教学研究的需要""问题设计要以'碎片化'语法为主"。关于这四点的具体阐述就不再展开了，事实上读者通过这四点已经可以大致了解这套书系的编撰理念了。入选的26本专著选取了不同的语法项目作为书名，面对不同的主题，每本书都会在不同层面、不同角度、不同对象上反映出这套书系的整体面貌和阐述形式，以及结构框架和问题设计，值得一读。

这套教学参考语法书系两个必须遵守的编撰原则是普及性和实践性。普及性原则体现在要做到对读者进行语法知识的普及。语法知识普及要考虑两个方面的问题：一是理论知识的普及，一是语法术语的普及。书系的编写还要遵守实践性的原则，这个原则体现在三个方面：一是面向教学实践，二是面向教师群体，三是面向教学语法。这套书系不以学术高度与理论深度为目标，而以是否能够解决实际问题为标准。出版这样的系列丛书尚属首次，相信普及性原则和实践性原则会使这套书系更接地气，更受欢迎。

教学参考语法书系研发是和汉语教学语法大纲研制平行的、互相支撑的一项研究，书系是以大纲为参照编写的，作为本体研究和教学研究的重要工具书，是对大纲的深化和阐述。书系书目的确定，编写方式的确定，以至于作者队伍的确定，都尽量做到和大纲的研制同质同步。当然，由于书系服务的目标人群和大纲不完全一样，作者会更多地关注语法教学的实效性，对具体问题的一些处理，可能会有与大纲不同的地方，这一点也是需要说明的。

谨以此作为总序。

齐沪扬

初稿于 2020 年 7 月

二稿于 2022 年 5 月

三稿于 2022 年 12 月

序

  2017年，齐沪扬教授主持的国家社会科学基金重大项目"对外汉语教学语法大纲研制和教学参考语法书系（多卷本）"（17ZDA307）获得批准，我有幸作为子课题（四）的主持人和"对外汉语教学参考语法书系（多卷本）"第一辑的主编身份参与了课题的研究工作。呈现在大家面前的第一辑四本专著就是课题的重要成果之一。

  "对外汉语教学参考语法书系（多卷本）"第一辑四本专著以虚词为主题，以"一点一书"的形式呈现，由《语气副词》《范围副词》《时间副词》《介词》组成。虚词意义比较空灵，用法复杂，具有鲜明个性，一直是汉语语法研究的重点，受到学界的广泛关注。副词和介词是虚词的重要类别，因其内部类别、成员多样而复杂，以及与外部其他词类之间关系的交叉性和易混淆性，造成了理论上对它们的认识还不深入、不全面，实践上对它们的用法还有模糊乃至说不清的现象，始终是研究中的焦点、对外汉语教学中的重点、学生学习的难点。基于此，我们选取了语气副词、范围副词、时间副词和介词作为第一辑的研究对象。从第一辑的题目看，语法项目有大有小，有的是下位次类的语法项目，如"语气副词""范围副词""时间副词"；有的是作为"类"的语法项目，如"介词"。《语气副词》由北京华文学院的陈晓蕾博士撰写，《范围副词》由日本小樽商学院的章天明博士撰写，《时间副词》由上海政法学院的李翠博士撰写，《介词》由南京师范大学的李贤卓博士撰写，四位作者都是多年在对外汉语教学一线的骨干教师，也是多年致力于对外汉语教学语法研究的学者。从研究内容上看，四本专著主要围绕着"理论""习得""教学"逻辑展开，综观之，它们具有以下特点。

一是应用的实用性。本专辑四本专著立足于语料库和习得偏误分析，在研究手段、语料运用上都和理论语法专著、汉语语法教科书、专题论文不同，是从新的《对外汉语教学语法大纲》出发，是对大纲的深化和阐述，是配合《对外汉语教学语法大纲》的，是具有科学性、系统性的一套教学参考用书。书系主要面向对外汉语教学的教师，目标是让二语者习得语法规则，能用汉语交际，这就决定了对外汉语教学语法书系必须突出实用性。实用性原则要求教学语法书系的编写者要充分考虑学习者的自身特点，解决他们学习中的问题和需求，尽量把汉语学习的重点和问题包括进来，方便教师找到疑难问题的答案，解决教学和学习中遇到的实际问题。

作者把一个语法研究项目变成一本对外汉语教师喜欢的、普及性的专著，重点在"深入浅出"上下功夫。具体说，对二语者所讲的规则应有充分的使用条件、明白易懂的解释、清楚并容易模仿的例子。这样的规则在书中得到了较好体现。一般都是从句法、语义、语篇、语用等角度进行综合考察，详细解释，没有教条式的长篇理论论述，更多的是给二语者有用的、贴近事实的知识。在文字上，做到通俗易懂，既要让一般教师看得懂，还要考虑让水平较高的留学生看得懂。和语法本体研究的写法不同，没有在概念上打转转，较少用本体研究中的术语，不用晦涩难懂的长句，举的例子通俗易懂，例子都有出处。尤为可喜的是作者都重视教学实践，突出"教什么？""如何教？"。因此在教学部分设计了具体的教学案例，采用多种教学方法，直观地展示了教学的每一步，这就大大增强了教学的实用性。

二是内容的学术性。学术性是四本专著的基本底色。对外汉语教学语法书系虽是面向教学的专著，但体现了鲜明的学术性，尽可能地运用新方法，掌握新理论，吸纳新观点。运用新方法，正如课题首席专家齐沪扬教授所说，从对外汉语教学的需要看，在缺乏汉语语言环境的国家，以规定性语法分析方法为基础教授汉语，有利于为学习者提供一个正确的语言范本，尤其是在初级阶段。描述性语法更注重一种约定俗成，更关注语言的变迁，但这种语言变迁与文化息息相关，密不可分，具有很强的时代性。而这种时代性又正是汉语学习者所需要的，特别是高级阶段的学生。在这样的理论背景下编撰参考语法书系，以规定性语法分析为基础，以描述性语法分析为参考，也就是说，作为教师，以规定性语法分析方法为基础教授汉语，但也必须不断学习和了解描述性语法分析方法，了解语言的变化。这一思想在四本专著中得到了认真贯彻，四位作者做到了规定性语法分析方法和描述性语法分析方法的有机结合。

掌握新理论是二语教学提出的新要求。对二语教学具有重要影响的理论有二语习得理论、中介语理论。比如，二语学习中的"偏误"，它反映了大脑认知机制及运行轨迹，"偏误"具有系统性，属于语言能力范畴。在教学中，运用中介语理论，进行偏误分析，适当进行汉外对比，找出汉外语言异同，概括出两种语言的相关规则，找出偏误原因，可以探索汉语二语的认知机制，并促进教学。所以书系编撰中，作者把学习者中介语作为一种现实存在的语言系统来考察，成规律、成系统地解决学习中的偏误问题。

吸纳新观点主要体现在理论阐述部分，作者在充分总结归纳汉语语法学界关于语法研究的规范成果的基础上，尽量吸收本体研究最新成果，体现成果的时代性。

三是方法的创新性。创新性是时代对书系编撰提出的课题。在书系编撰中，作者都重视研究方法的创新，较好地运用大规模语料库和计算机检索软件，做到定量分析和定性分析结合，以定量分析为主，发挥语料库的功能，获取实证数据作为研究的依据，力求做到体现出教学语法的科学性和时代性。方法的创新性还体现在书系的设计上，书系的撰写是以具体问题呈现的，题目设计主要基于教学中存在的重点、难点和焦点，具有很强的针对性，切合教学实际，一般50~80个题目，方便对外汉语教师教学使用。同时，四位作者都重视写法的创新，每本书中都设计了一些学习者学习过程中常见的偏误以及易混淆副词或介词的辨析，把副词或介词的理论、语言习得和教学三者有机结合起来，体现了系统性。尤为难得的是作者能根据信息时代要求，关注多媒体信息技术在对外汉语教学中的运用，积极开展慕课（MOOC）教学，体现了鲜明的时代性特点。

书系第一辑能够顺利完成，首先要感谢课题首席专家齐沪扬教授，齐先生既是国内外著名的对外汉语语法研究专家，也是一位优秀的科研团队领导者，他的学术影响力和人格魅力把一批有志于对外汉语教学语法研究的海内外学者集聚在一起，协同攻关，在此，我们向齐沪扬教授致以崇高敬意！

第一辑的作者陈晓蕾博士、章天明博士、李翠博士、李贤卓博士贡献了他们的智慧，付出了艰辛的劳动。他们都有繁重的教学、科研任务，为了书系撰写经常加班加点，没日没夜，我为他们这种敬业奉献精神所感动。胡建锋博士在编撰中给予了许多理论和方法指导，倾注了大量心血，在此，我也向他表示衷心感谢！

由于我们没有成熟的经验，加上我的学力和组织能力有限，书系第一辑的编撰还有不足之处，敬请学界专家学者批评指正！我们的态度是真诚的，工作是认真的，希望我们的成果早日问世，更好地为对外汉语学界提供服务和帮助。

是为序。

李铁范

2022 年 5 月 22 日于黄山

目 录

引 言 / 1

第一部分 定位、定义与相关术语 / 7

1. 副词是什么样的词? / 7

2. 副词有哪些类别和句法特点? / 8

3. 什么是语气副词? / 12

4. 语气和情态、口气一样吗? / 15

5. 汉语还有哪些表达"语气"的词? / 18

第二部分 特点、范围与类别 / 21

6. 语气副词有什么组合特点? / 21

7. 语气副词有哪些句法特点? / 23

8. 语气副词的句法位置灵活吗? / 26

9. 哪些语气副词的句法位置相对单一? / 29

10. 语气副词怎么界定? / 32

11. 常见的语气副词有哪些? / 34

12. 语气副词包含哪些意义类别? / 36

第三部分　语义与语用 / 40

13. 语气副词有固定的语义结构模式吗？ / 40

14. 语气副词有哪些语用功能？ / 44

15. 语气副词可以表述或标记焦点吗？ / 48

16. 语气副词有触发预设的功能吗？ / 54

17. 语气副词有语篇衔接功能吗？ / 57

18. 语气副词有人际交互功能吗？ / 62

19. 语气副词可以表达哪些语气？ / 68

20. 语气副词与其他副词的连用顺序是怎样的？ / 72

第四部分　个案偏误与易混词辨析 / 76

21. "我恐怕会下雨"为什么不能说？ / 76

22. "我大约了解了一下"为什么不能说？ / 79

23. "我有决心，明年的确和今年不一样"为什么不能说？ / 83

24. "他实在考上了大学"为什么不能说？ / 88

25. "难怪他有女朋友吗？"为什么不能说？ / 92

26. "看父母做什么，他偏偏要做什么"为什么不能说？ / 98

27. "作业有点儿多，却应该不难"为什么不能说？ / 101

28. "他们到底没有感情吗？"为什么不能说？ / 106

29. "他们三个人毕竟睡不着了，所以一起去山下抬水"为什么不能说？ / 109

30. "我的钱包终于没有丢"为什么不能说？ / 113

31. "我宁可生活下去，不如死掉"为什么不能说？／117

32. "我干脆懂了"为什么不能说？／121

33. "千万没想到"为什么不能说？／125

34. "我并不去"为什么不能说？／129

35. "她简直漂亮"为什么不能说？／132

36. "反正你愿不愿意"为什么不能说？／136

37. "固然"用于复句后句为什么不对？／139

38. "我的生日正好是星期二"能说吗？／144

39. "这不妨说是多了一种见识"能说吗？／147

40. "根本缺乏共同的话题"能说吗？／150

41. "未免是事实""不免太简单"为什么不能说？／154

42. "难道你不懂"和"莫非你不懂"一样吗？／157

43. "分明是他不对"和"明明是他不对"一样吗？／162

44. "果然下雨了"和"果真下雨了"一样吗？／165

45. "他偏不去"和"他偏偏不去"一样吗？／168

46. "竟然赢了"和"居然赢了"一样吗？／171

47. "幸好找到了老师"和"好在找到了老师"一样吗？／175

48. "我又不生气""我才不生气"和"我并不生气"一样吗？／179

49. "多美""好美"和"可美了"一样吗？／182

50. "他原来是学经济的"和"他本来是学经济的"一样吗？／185

第五部分　教学理念与案例 / 189

51. 语气副词教学应注意哪些方面（一）？ / 189

52. 语气副词教学应注意哪些方面（二）？ / 192

53. 语气副词的导入方法有哪些？ / 195

54. 语气副词的教学示例如何选择？ / 197

55. 语气副词的操练方法有哪些？ / 201

56. 如何设计"恐怕"的教学？ / 204

57. 如何设计"毕竟"的教学？ / 209

58. 如何设计"宁可"的教学？ / 214

59. 如何设计"幸好"的教学？ / 218

60. 如何设计"本来"的教学？ / 222

参考文献 / 227

后　记 / 232

引 言

一、编写背景

齐沪扬教授于 2017 年成功获批国家社会科学重大项目"对外汉语教学语法大纲研制和教学参考语法书系（多卷本）"（17ZDA307），项目整理出了基于对外汉语教学的多个重要知识点，并以这些知识点为对象，编写相应的教学参考用书。语法书系以"一点一书"的形式呈现，即一个知识点编写一本书，本书是该书系的组成部分之一。

1.1 选题缘由

副词是汉语语法体系中的一项重要内容，它介于虚实之间，本身是一个"大杂烩"系统。语气副词作为其中语义较虚的小类，名称与"语气词"相近，语义上容易与部分助动词、形容词以及其他副词相混淆，又具有数量多、个性强、语用条件繁复等特点，是第二语言教学的重点和难点。而目前有关语气副词的基础研究和语气副词的教学之间还存在明显的"两张皮"现象：有的研究结论和教学参考对实际教学的指导意义比较有限；具体到个别语气副词，一些教材的释义也存在问题。因此，本书尝试面向第二语言教学的一线教师，介绍与语气副词相关的基础知识，以期为语气副词教学提供一定的参考和帮助。

1.2 已有研究

关于语气副词的已有研究集中在两个方面：本体研究和教学研究。

1.2.1 本体研究

汉语学界有关语气副词的本体研究可分为三类：第一类是对语气副词整体共性的研究，代表性成果有李泉（1996），张谊生（2000、2014），齐沪扬（2003），史金生（2003a），李杰（2005b），杨德峰（2005、2009），齐春红（2008），齐沪扬、冯柳慧（2017）等；第二类是对某一组语气副词进行的研究（多为学位论文或单篇论文）；第三类是对个体语气副词的研究。由于语气副词数量较大，后两类研究相对较多，此处不一一列举。总体而言，不少有关语气副词的基本问题尚未形成统一认识，如：语气副词数量究竟有多少？有没有统一的界定标准？可以分为哪些类别？有哪些共性特征？等等。以至于想要明确判定某些词是否属于语气副词，也难免存在一定困难和争议。就目前的情况来看，不少研究中涉及的"语气副词"似乎归入其他词类更具合理性，如："显然""难免""凑巧"等应为形容词，"多亏""看似"应为动词，"不料""何况""乃至"应为连词，"起码"应为属性词，等等。

由于看待问题的角度和认识的深度不同，针对语气副词个体的研究，即使是较为典型的语气副词（如"难道""难怪""简直""反正""幸亏""实在""偏偏"等），对其语义语用特点的认识也存在不少差异，有的结论还不够全面，一些认识还有可深入的空间。

不得不说的是，本体方面的研究整体而言都具有较强的理论性，其观点很难直接用于教学，因而需要进行教学转化。

1.2.2 教学研究

语气副词大部分在中高级阶段的教学中才会出现，而相关的指导性工具书相对较少。较有针对性的教学研究散见于部分教学参考书和有关留学生中介语偏误的研究中。其中，不少教学参考书都将"副词"简化处理，或将"副词"一项作为整体加以列举，仅在其中涉及了少量语气副词，如卢福波（1996），刘月华、潘文娱、故铧（2001），齐沪扬（2005），陆庆和（2006），吴勇毅、吴中伟、李劲荣（2016）等。《学汉语》编辑部（2012）等释疑类参考书以及有关留学生中介语偏误研究的著作，如李大忠（1996），叶盼云、吴中伟（1999）等，所列语气副词的条目数量也较少。杨玉玲、孙红玲（2017）给出了16个语气副词的分析和教学建议，对一线教学具有较大参考价值，但相对于语气副词整体而言，所占比例还是比较小的。在这种情况下，对于不少新手教师来说，语气副词无疑是一块"难啃的骨头"，在教学中遇到语气副词，甚至会出现"自己都说不清"的状态。语气副词有其特殊性，教学中应遵循哪些原则，讲究哪些方法才能有效避免偏误，还有不少可以探讨的空间。

二、编写思路

2.1 适用对象

语气副词抽象、难教，即使是专业背景出身的教师，倘若没有逐个学习和分析过，教学中也难免遇到难题。而在如今的国际汉语教师队伍中，除了汉语语言学专业背景出身的教师之外，还有不少其他专业背景的教师。对于他们而言，全面理解和把握语气副词基础知识显得更为必要。本书内容主要针对以上教师群体，对于汉语语言学和汉语国际教育专业的本科生和研究生而言，本书也有一定的学习和参考价值。

2.2 编写原则

本书编写时主要遵循两个原则：普及性和实用性。

2.2.1 普及性

本书在编写时参考了学界不少有关语气副词的研究成果。一些研究理论性较强，对于非专业背景的读者来说，理解难度较大，也容易显得枯燥、艰深。我们的主要目的有两个：一是向从事第二语言教学的汉语教师群体普及语气副词基础知识，包括定义、范围、界定标准、意义类别以及常见语气副词的句法、语义、语用、语篇特点、常见偏误等；二是向教师群体普及语气副词的教学理论和方法。教学问题来自实践又面向实践，其普及性体现在容易理解和可操作性上。本书全部采用一问一答的形式，试图使问题明确化。在介绍语气副词的理论知识时，我们尽量做到深入浅出，从多个角度入手分解"难题"，结合真实例句分析问题，利用语料库和真实语料[①]说明问题，以期使读者们都能够"读得懂、学得会"。

2.2.2 实用性

本书的编写还遵循实用性原则，表现为问题选取的实用性和内容讲述的实用性。我们参照齐沪扬教授团队最新研制的《对外汉语教学语法初级大纲》和《对外汉语教学语法中级大纲》，同时结合前人相关研究、常见教材和教学经验，列出了123个较为常见的语气副词。其中包括新大纲中提到的所有语气副词，以及一些新大纲之外的语气副词。[②] 问题的提出同样本着实用性原则，所涉及的具体问题大都与教学相关；对问题的解释也着重考虑教学的实际需要。本书与具体知识有关的内容大都从留学生出现的真实偏误和常见问题出发，分析词语的语义特点和语用条件，并着重对易混词进行辨析。这些都是教师在设计教学之前应当把握的基础知识。与教学有关的内容包括教学理念和具体案例，切实体现实用性原则。我们期待读者不仅能够从书中了解到语气副词的基础知识，还能够获得语气副词教学的思路和具体可行的教学方法。

三、基本内容与知识框架

3.1 基本内容

本书分为五个部分：第一至第三部分是与语气副词整体有关的理论知识，第四部分是与个体语气副词及其易混词相关的具体知识，第五部分是包括理论和实践的教学知识。

理论知识部分从宏观视角介绍语气副词作为一个"类"的共性，包括定义和界定标准、句法和组合特点、成员与类别、语气类型、语用功能及其与相关

[①] 本书例句大部分来自北京大学中国语言学研究中心CCL语料库和北京语言大学语料库中心（BCC）（部分语料有改动），还有一些来自《我爱我家》《家有儿女》《武林外传》等电视剧剧本语料，少量来自相关研究。中介语语料主要来自北京语言大学HSK动态作文语料库和相关研究，少量来自课堂教学。为行文简练，均未标明出处。

[②] 新大纲之外的语气副词主要有以下几种情况：（1）前人研究或文献列为语气副词，同时也是教学难点的，如"却""未免"等；（2）教材和生活中常见，大纲只列了其近义词的，如"正好""幸好""索性"等；（3）大纲将其列在复句一栏的，如"宁可""固然"等；（4）大纲只列了其常见用法的，如"大约"等。

术语的区别等内容。目的是让读者从语气副词的词类归属和类别共性的高度来全面认识语气副词，加强基础知识建设，以便教师在教学过程中能够更加全面地认识问题和分析问题。

具体知识部分是微观视角，我们从留学生学习过程中出现的偏误或问题出发，着重分析个体语气副词的句法、语义、语用问题及其与相关近义词的辨析问题。语气副词的偏误大多表现为句法位置错误、句类选择错误、不具有语义适切性、违反了语用条件等。对于一些常见的语气副词，教师应全面、准确地把握其个性特点，才能在设计教学时更有针对性；了解了学生的疑问和常见的偏误类型，可以有效预测学生容易出错的地方，提前进行讲解，防止偏误的发生。此外，这部分内容的意义还在于让读者明白"词语形式不同，必然会有语义或语用的差异"，在教学中能够正确引导学生，使其提高汉语表达的适切性。

教学知识部分将理论和实践相结合，全面探讨语气副词的教学问题。包括语气副词教学应该注意哪些方面、在具体教学中如何引入、常见的教学方法、教学示例的选取原则、练习的设计思路等，并以几个典型的语气副词为例进行了具体的教学设计展示。这部分旨在帮助读者打开思路，让他们不仅学到几个词语的教学方法，更能举一反三，进行更多的语气副词的教学设计。

3.2 知识框架

全书分五个部分，共呈现 60 个问题。其中第一至第三部分共 20 个问题，第四部分共 30 个问题，第五部分共 10 个问题。

《语气副词》知识框架

内容划分		问题的类别	问题举例
理论知识（20问）	第一部分	定位、定义与相关术语	如：副词是什么样的词？ 什么是语气副词？ 语气和情态、口气一样吗？
	第二部分	特点、范围与类别	如：语气副词有什么组合特点？ 语气副词的句法位置灵活吗？ 语气副词包含哪些意义类别？
	第三部分	语义与语用	如：语气副词有固定的语义结构模式吗？ 语气副词有人际交互功能吗？

（续表）

内容划分		问题的类别	问题举例
具体知识 （30问）	第四部分	个案偏误与 易混词辨析	如："我恐怕会下雨"为什么不能说？ "我大约了解了一下"为什么不能说？ "我的生日正好是星期二"能说吗？ "难道你不懂"和"莫非你不懂"一样吗？
教学知识 （10问）	第五部分	教学理念与 案例	如：语气副词教学应注意哪些方面？ 如何设计"恐怕"的教学？

四、不足之处

　　本书写作的初衷是将汉语学界有关语气副词的学术性研究成果转化为对一线教学切实有用的指导性参考。我们为此参阅了不少文献，结合教学经验，利用汉语语料库和中介语语料库做了一些统计、分析工作，尝试对教师容易困惑的一些问题做出解答，并给出了几个具体的教学示例，以供教学参考和借鉴。本书所列问题也许只是语气副词的"冰山一角"，且有的语气副词难度较大，有的语气副词要在留学生学习的高级阶段才会出现，受本书篇幅和本人教学经验所限，很多问题未能涉及，不当之处在所难免。唯希望本书分析问题的角度、方法和一些结论能够帮助一线教师增加对语气副词的认识，从而为业界同人提供一些启发。

第一部分　定位、定义与相关术语

1. 副词是什么样的词?

在汉语词类中，副词是较为特殊的一类：数量很多，涉及多种意义，好像一个"大杂烩"。它们在汉语学习的每个阶段几乎都会出现，而且各类副词在第二语言教学中大都属于重点和难点，是留学生偏误率较高的语法点之一。因此，对于副词的各种特点，从事第二语言教学的教师应有较为系统的认识。

为了从整体上认识副词，本节讨论两个相关问题。

一、副词是实词还是虚词?

汉语词类的划分主要依据以下三个标准：词的句法功能（即词充当句子成分的能力和与其他词语组合的能力），词语自身意义的虚实，词本身有无形态变化。根据这三个标准，汉语词类系统可以分出名词[①]、动词、形容词、区别词、数词、量词、代词、副词、介词、连词、助词、语气词、叹词、拟声词等十四个类别。其中，名词、动词、形容词、区别词、数词、量词、代词、叹词、拟声词等属于实词，它们意义都比较实在，都能在句中充当主要句法成分，如主语、谓语、宾语、述语、中心语等；而介词、连词、助词、语气词等属于虚词，它们意义比较空灵，只表示抽象的语法意义，在句中起某种语法作用，不能充当主语、谓语、述语、中心语等主要句法成分。

那么，副词应属于实词还是虚词呢？汉语学界对此持不同观点。有的将其归入实词，如张静（1980），胡裕树（1987），张斌（2010），黄伯荣、廖序东

---

① 名词还可分出时间词、方位词、处所词。

（2017）等；有的将其归入虚词，如朱德熙（1982），陆俭明、马真（1985），北京大学中文系现代汉语教研室（2004）等。还有的认为副词介于虚实之间，如：王力（1943/1985）认为副词是介乎虚实之间的一种词；汪小宁（1996）主张将其称为"中词"；张谊生（2000）将其中的一部分（主描摹性副词）归为实词，一部分（主评注性副词）归为虚词。

可见，副词究竟应当归为实词还是虚词，难以"一刀切"。但不可否认的是，副词终究属于语法成分，是汉语语法学研究的重点内容之一，其语用价值与实词有着明显的不同。在第二语言教学中，实词的处理一般是给出相应的搭配，而副词的教学方法很难类推。由此来看，它更接近虚词。

二、副词是封闭的类还是开放的类？

词类的封闭和开放，指的是在一定时期内某个词类系统成员的数量和变化情况。数量基本不变且可能穷尽列举的词类属于封闭的类，数量不断变化且难以穷尽的词类是开放的类。动词、名词、形容词等实词属于开放的类，它们数量庞大，原则上可以随着人们认识的深入不断增多。介词、连词、助词等虚词属于封闭的类，在一定时期内，其数量基本是固定不变的。相比之下，副词应属于半封闭的类。根据张谊生（2000），核心的、典型的副词大概只有几百个；以比较宽泛的标准界定，总共有一千个左右，且尽管目前的数量尚可列举，但仍在不断增加之中。

2. 副词有哪些类别和句法特点？

一、副词包含哪些小类？

副词的内部分类主要以意义为参照标准，但究竟分为几类，现有研究尚未统一。如胡裕树主编《现代汉语》分6类，刘月华、潘文娱、故韡《实用现代汉语语法》（增订本）分7类，黄伯荣、廖序东主编《现代汉语》（增订六版）分8

类,郭锐《现代汉语词类研究》分 10 类。本书参照张谊生《现代汉语副词研究》,认为副词可分为以下 10 个小类:

表关联:就 才 更 又 还 再 也 便 好
表时间:在 刚 正在 马上 曾经 已经 永远 向来 历来 忽然
　　　　将要 一直 一向
表频率:常 常常 时时 往往 总是 经常 偶尔 时时 频频 一连
表范围:都 全 总 净 尽 光 只 单 仅仅 统统 另外 到处
　　　　四处 多半 大致
表程度:很 太 极 更 最 挺 怪 十分 特别 非常 比较 稍微
　　　　相当 差不多
表否定:不 没 没有 甭 不用 别 白 未 勿 空 不曾 不必
表协同:一起 一同 一道 一块儿 一齐 一并
表重复:又 还 也 再 总(是) 老(是) 一再 再三 重新
表情状:全力 大力 细心 公然 悄悄 稳步 肆意 擅自 秉公 亲手
表语气:可 才 又 并 的确 难道 究竟 简直 毕竟 未免 千万
　　　　也许 幸亏 难怪

其中"表情状"的一类中包括方式、状态类副词,与张谊生所指"描摹性副词"相当;"表语气"的一类与张谊生所指"评注性副词"相当。

需要说明的是,副词小类属于比较典型的"原型范畴"。所谓"范畴",是人们在认知中对事物的归类。同一范畴中的成员总有一些共同特征,有的成员比其他成员具有更多的共同特征,它们就是所在范畴的典型成员,即"原型"。在某种程度上,汉语的词类都是原型范畴,其典型成员体现该词类的全部或大多数特点,非典型成员体现该词类的少数特点。副词小类主要基于词义进行划分,其原型特点更为突出:一些小类的非典型成员也可能具有其他小类的某种特点。这使得一些小类之间的界限不太清晰,小类之间难免存在语义交叉或关联。如"频率"和"重复"都与"时间"有关,"表情状"的副词有的也有"时间"义。同一小类的副词语义和用法大都同中有异,很多表现出明显的个性特征。如同为频率副词的"常常"和"往往"都表示事件多次发生,但"常常"只表示事件在时间上的频发性，而"往往"则表示基于经验的推论或对事物规律性的认识。此外，有的副词本身包含多个义项，在不同的情景中表示不同的语义，如"又"既可以表示"关联""重复"，也可以表示"语气"；有的副词在使用中可兼具两种或多种语义，如"可""好"等，既表"语气"，又含有"程度"义。对于副词语义的复杂性，教师应当尽量全面地理解和把握，并能做到具体问题具体分析。

二、副词有哪些句法特点?

副词具有不同于其他词类的句法特点。一般情况下，它们只用作状语。也有一些例外的情况，如有的可用作补语、定语，有的还可以单用。

（一）做状语

副词做状语有两种常见的句法位置：一是用于主谓之间，二是用于句首。

1. 用于主谓之间

这是副词较为典型的句法位置之一。大部分副词都可以用在主语和谓语中心语之间，修饰或限制动词、形容词性谓语。如：

（1）他刚走。（表时间）

（2）天气很好。（表程度）

（3）他偶尔来。（表频率）

（4）孩子没淘气。（表否定）

（5）大家都来了。（表范围）

（6）大家也许知道这件事。（表语气）

例（2）、例（4）的谓语"好""淘气"为形容词，其他句子的谓语为动词。表时间、表范围和表重复的副词还可以充当名词性谓语的状语。如：

（7）他已经教授了。（表时间）

（8）就星期一晚上（，其他时间不行）。（表范围）

（9）又周末了，时间过得真快！（表重复）

例（7）～（9）副词所在的句子都是名词谓语句。

这些副词还可以修饰或限制数量词谓语。如：

（10）他父母结婚<u>已经</u>二十年了。

（11）现在住在这儿的<u>就</u>十来户。

（12）<u>又</u>一个星期了。

2. 用于句首

一些副词还可以用在句子开头（主语之前），充当整个句子的状语。这些副词的修饰范围在整句或者大于句子的话语层面，因此也被称为"饰句副词"（方梅，2017），分别如以下例句中表时间、表频率和表语气的副词：

（13）<u>曾经</u>他跟我说过。（表时间）

（14）<u>偶尔</u>他也生气。（表频率）

（15）<u>难道</u>你不知道？（表语气）

（二）做补语

少数副词如表程度义的"很"等，可以用在动词或形容词中心语后做补语。如：

（16）我好得<u>很</u>。

（三）做定语

一些表时间的副词还可以用作定语。如：

（17）我们要做<u>永远</u>的朋友。

（18）他不能原谅自己<u>曾经</u>的过错。

（四）单用

大多数副词不能单用。单用的情况一般出现在口语中，根据陆俭明（1982、1983），汉语中可单独使用的副词有65个，包括表时间、表程度、表否定、表情态和表语气的副词。如：

（19）——你快点儿吧！

——好，<u>马上</u>。（表时间）

(20)——他们天天来这儿玩儿?

　　——差不多。(表程度)

(21)——我再也不想理他了。

　　——(你)别!(表否定)

(22)——他们俩到底谁靠谁呀?

　　——这你还不清楚?(他们俩)互相呗。(表情态)

(23)——后天是你大爷生日,你一定得来呀!

　　——当然,那还能不来!(表语气)

此外,具有关联作用的副词在使用中比较灵活,有的可以独用,有的可以合用,有的二者都可以,有的还可以和连词配合使用。如:

(24)说了又说(独用)

(25)说清楚再走(独用)

(26)又白又胖(合用)

(27)不折不扣(合用)

(28)他不但聪明,还很努力。(与连词合用)

(29)如果不行就算了。(与连词合用)

3. 什么是语气副词?

一、语气副词的定义

王力(1943/1985)首次提出了"语气副词"的概念,并将语气分为八类:诧异语气(只、竟)、不满语气(偏)、轻说语气(倒、却、可、敢等)、顿挫语气(也、也就、还、到底、倒还)、重说语气(又、并、简直、就等)、辩驳语气(才)、慷慨语气(索性)、反诘语气(岂、难道)。王力(1982)进一步指出,除了语气词之外,语气副词也是"表示全句所带的情绪的"。汉语学界后来的研究也基本认同:语气副词主要用于状语位置,着眼对象是整个句子,与说话人的情感、认识等内容相关。其中"情感"包括说话时的感情、情绪、意向、态度等，"认识"表示说话人主观上对命题是否真实所做出的判断，涉及可能性和必然性（史金生，2003a）。

语气副词又被称为"估价副词""评注性副词""情态副词"[①]等。它们共同的特点之一是词汇意义空灵，学界基本认同如"幸亏、偏偏、难道、居然、简直、反正、毕竟、也许"等属于典型的语气副词。它们在使用中对句子的命题意义几乎是没有贡献的，仅用来表达说话人的主观态度或情感认识，因此，突出表现了语言的"主观性"。语言的"主观性"，指的是说话人在说出一段话的同时表明自己对这段话的立场、态度和感情，从而在话语中留下"自我"的印记（沈家煊，2001）。总之，说话人使用语气副词，总是要表达某种主观态度和情感的。

由于语气副词和语气词都与"语气"有关，有人提出将语气副词归为语气词，或将两者合并建立"语气范畴"。但更多观点认为语气副词应属于副词的一个小类，因为语气副词与语气词在句法、语义和语用上都有较大差别。相比之下，语气副词与副词的语法特征更为接近。本书也认为，语气副词是副词中表示语气的一类。

二、语气副词的辨别

那么，怎么判断一个词语是否属于语气副词呢？语气副词作为副词的小类，具有大多数副词的共性特点，如前面不能加"很"和"不"（有别于形容词），后面不能加"了"（不同于动词），且一般不充当谓语中心语。据此，我们可以将语气副词与一些语义上易混的形容词和动词区分开来，如一些研究将"显然""凑巧""多亏""难免"等划为语气副词，大概是因为它们跟一些语气副词包含了相同语素，语义也比较接近。实际上，尽管都包含语素"然"，"诚然、固然"前面不能加"很"和"不"，是语气副词；"显然"常受"很"修饰，偶尔受"不"修饰，应为形容词。都包含"巧"，"恰巧、刚巧"前面不能加"很"和"不"，是

[①] 赵元任《汉语口语语法》（吕叔湘译，1979）称"估价副词"，张谊生（2000）称"评注性副词"。"语气（modality）"和"情态（mode）"本是不同概念，但汉语学界有不少人将"语气副词"称为"情态副词"，有的将"情状类副词"称为"情态副词"。

语气副词；"凑巧"可以受"很"和"不"修饰，应为形容词。都包含"亏"，"幸亏"是语气副词，后不能加"了"，"多亏"后可以加"了"，还可以加宾语，是动词。典型的语气副词都不能单独用于"是……的"结构中充当谓语中心，但"显然""难免"可以用于其中，它们都是形容词。

语气副词与助动词也是易混词。助动词也称"能愿动词"，属于一类特殊动词，它们用在动词、形容词前面表示可能、必要和人的主观意愿，也有评议的作用。无论语义还是句法位置，都与语气副词十分相像。但助动词与动词有共同点，可进入"V 不 V"和"不 V 不"两个格式中，这一点不同于语气副词。如：

（1）A：× 也许不也许　× 大概不大概　× 大约不大约　× 必须不必须

　　　B：√ 可能不可能　√ 会不会　√ 能不能　√ 该不该

　　　　√ 不可能不　√ 不会不　√ 不能不　√ 不该不

以上 A 组"也许""大概""大约""必须"等是语气副词，B 组"可能""会""能""该"是助动词。

在副词内部，情状类副词容易与语气副词混淆。从语义虚化程度来看，情状类副词还保留了一些具体语义，如方式义、状态义、情貌义和比况义等。其中表方式义的典型成员有"亲口、稳步、特意、昂首"等，表状态义的成员有"顺便、趁机、日趋、互相"等，表情貌义的有"黯然、公然、偷偷、冉冉"等，表比况义的有"蜂拥、鱼跃、火速、龟缩"等。两者相比，语气副词的语义虚化程度更高。

辨别语气副词还需要注意词的兼类问题。如果一个词经常具备两类或几类词的主要语法功能，那么这个词便属于兼类词。某个词在兼属两个（或两个以上）词类时，其不同用法应当发音相同、字形相同、词义上有联系。如"原来"兼属时间名词和语气副词：

（2）现在的日子比<u>原来</u>好多了。(时间名词)

（3）我说夜里怎么这么冷，<u>原来</u>是下雪了。(语气副词)

可以看出，"原来"作为语气副词，与"较早的时间"义是有联系的。

"自然"可以做名词和语气副词，二者发音相同，语义具有一定的关联性，属兼类词。如：

（4）动物和人类一样，都是<u>自然</u>的子民。(名词)

（5）有资格立传的<u>自然</u>是伟大人物，或称"尊者"。（语气副词）

一些单音节副词由于语义比较虚，它们在句中的用法是否属于语气副词，有时需要仔细鉴别。如：

（6）a. 你重，他比你<u>还</u>重。

  b. 快八点了，你<u>还</u>不走呀？

  c. 他<u>还</u>文化人呢，这点道理都不懂。

从语义来看，例（6）三个句子中的"还"分别属于不同的副词小类：用于 a 句的"还"是程度副词，用于 b 句的"还"是时间副词，只有用于 c 句的"还"是语气副词。

再如"又"：

（7）a. 大家<u>又</u>唱<u>又</u>跳，玩儿得高兴极了。

  b. 她以前得过冠军，今天<u>又</u>得了冠军。

  c. 我<u>又</u>没叫你，你来干什么？

用于例（7）a 句的"又"表示关联，用于 b 句的"又"表示重复，用于 c 句的"又"表示语气。

有的语气副词本身还包含了程度义，如"好、多、可"等。

（8）a. 这里<u>好</u>热闹！

  b. <u>多</u>美的风景！

  c. 他们玩儿得<u>可</u>开心了！

与常见的程度副词相比，它们更多地表达说话人的主观态度和情感，因此最好归为语气副词。

4. 语气和情态、口气一样吗？

为了全面地认识语气副词，本节我们介绍几个相关的概念：语气、情态和口气。

提到"语气"和"情态"的关系，很多人都会觉得很难说清。语法学界很多研究将两者混为一谈，比如将"语气副词"直接等同于"情态副词"，或将其中的一部分称为"情态副词"。此外,"语气"和"口气"也常常被混用。之所以存在这种现象,是因为汉语语法分析中的"语气""既借鉴了 mood、sentence type、modality 的内涵,又融入了传统的'口气/口吻'等的解读,因而与助词功能、句子功能、情态类型以及口气等概念纠缠不清"(赵春利、石定栩,2011)。那么,作为不同的概念,三者之间有什么关联和差异呢?

一、"语气"和"情态"[①]

汉语中所指的"语气"和"情态"大致分别对应于英语的 mood 和 modality。现代汉语语法体系是以西方语言学理论为基础、根据汉语事实构建起来的。这里先来介绍一下这两个概念在英语中的内涵和关系。

(一)英语中的 mood 是一个句法范畴,是从形式出发追寻语法意义的。其中"形式"指的是句中动词的屈折变化,意义是说话者对句子判断的心理态度。这里有两点需要注意:第一,只有通过动词形态变化反映出的心理态度才能称为 mood;第二,mood 表示的心理态度与听话者无关,不具有交际性。mood 的本质是一种方式,因此也被翻译为"语式"。一种语言有多少反映 mood 语法意义的动词形态变化方式,就有多少 mood 类型;但有些语言没有相关的动词形态变化,不等于说这些语言无法表述相关的语法意义,比如汉语。

(二)modality 是从意义上划分出来的范畴,是通过一定的词汇、句法手段而表现的说话者针对命题内容的主观判断。涉及的逻辑范畴或哲学概念主要有可能性、必然性、义务、许可、意图、意志和潜势等,但 modality 的语义类型尚不成熟,也不成体系。

mood 和 modality 都反映一定语法形式与语法意义之间的关系,都属于语法范畴。两者在内涵上都涉及说话者的态度。对于两者的关系,英语学界观点不一,有人认为在某种程度上,mood 与 modality 的关系有点儿像 tense 与 time 以及 aspect 与 aspectuality 之间的关系。可见界限也并不十分清楚。

受英语概念的影响,加上汉语语法研究中早就有"虚字传语气"的思想,汉语语法学界对"语气(mood)"和"情态(modality)"两个概念的认识也有所不

---

① 有关"语气"和"情态"的论述,详见赵春利、石定栩(2011)。

同，于是便出现了看似比较混乱的情况。但可以肯定的是，语气和情态都表示说话者的态度或评价，都具有主观性，且都具有人际功能。但本书所指的语气副词与表描摹情状的副词（表情状类）如"悄悄、偷偷"等，是有本质不同的。

二、"语气"和"口气"

"口气"对应的英语概念是 tone，也是说话者表达态度、感情不可或缺的手段。"语气"和"口气"常被混用，还因为两者都比较"虚"，在言谈中常常可以互换而不影响理解（如"语气很强/口气很强""命令的语气/命令的口气"都可以说）。从研究情况来看，学界对"语气"的关注相对较多，已经形成了一些基本的认识；对"口气"的研究则是比较少的。

"口气"一般指说话时表示感情的口吻，它所表达的情感态度只有在实际交流中才显露出来。因此，"口气"实际上是一个语用概念。胡习之（2002）认为，口气是说话人某种感情、思想、态度、角色身份等信息的流露，即除了感情色彩、思想、态度之外，还反映说话人的角色、身份等信息，如"高层领导的口气""恋人的口气""长辈的口气"等，其中的"口气"很难换成"语气"。张云秋（2002）认为，"口气"与交际双方的熟识度、性格、地位、角色、心理、态度、文化素养以及语境等息息相关。从表达方式来看，语调的高低轻重、语速的快慢缓急和句末助词等，都可以用来表达不同的"口气"。

"语气"和"口气"的相同之处在于，两者都可以表达说话人对命题的主观态度。其区别表现在以下几个方面：

（一）一般而言，每一个句子都包含一定的"语气"，如陈述语气、疑问语气、祈使语气、感叹语气等；但"口气"并非在每个句子中都有表现（齐沪扬，2003）。

（二）"语气"属于语法范畴，"口气"表现在语用层面。也可以说，语气是句子固有的，而"口气"是人们在交际中才会表现出的。

（三）"语气"常借助语气副词、叹词、语气词、语调、句法结构等手段来表现。"口气"除了通过词语、句式等形式之外，还可以借助语调、声音、气息、语速快慢缓急等手段来表现。

由此可见，"语气"与"情态""口气"是关系密切、存在交叉也有一定差异的三个不同的概念。

5. 汉语还有哪些表达"语气"的词？

在概念表述上，语气副词容易与语气词混淆。此外，汉语中的叹词和助动词也表达一定的语气，它们都是表达"语气"的词。与语气副词相比，语气词、叹词和助动词在句法和语义上各有特点。教师对这几个概念的不同应有清楚的认识。下面进行简要介绍。

（一）语气词

语气词常用在句子结尾处表示种种语气，有时也用在句子中间表示停顿。如：

（1）这个箱子是你的吗？（句尾）

（2）他不去，我也没办法啊！（句尾）

（3）这件事啊，你直接去问他。（句中）

根据所表示的语气类型的不同，语气词可以大致分为以下四种：

表示陈述语气：的　了　呢　吧　啊　着　罢了　啦

表示疑问语气：吗　啊　吧　呢

表示祈使语气：吧　啊　了

表示感叹语气：啊

无论用在句尾还是句中，语气词都只能附着在其他词语后面，也常跟语调一起表达语气。有的语气词如"啊"可以表达多种语气。

汉语普通话中有六个基本的语气词，分别是"的、了、呢、吧、吗、啊"。其他语气词用得较少，有的语气词是基本语气词连用合音的结果，如"啦"就是"了"和"啊"的合音。

有些语气词有成句的作用。句中语气词被删除后，它所在的句子便不能成句。如：

（4）我吃完饭了。

（5）现在已经秋天啦！

例（4）中的"了"和例（5）中的"啦"如果删除，两个句子都不成立。

（二）叹词

叹词属于实词，是表示感叹以及呼唤、应答的词，如"唉、啊、哦、喂、嗯、哎呀、哎哟喂"等。表感叹的叹词属于语气表达手段，呼唤、应答类的不属于典型的语气表达手段。在句法上，叹词常独立使用，用作独立成分或单独成句。它们的句法位置在句首，也可插入句子中间。如：

（6）哎呀，这是怎么回事？

（7）——哎哟！（被踩了一脚）

（8）今天也不知是怎么了，唉，真倒霉！

叹词被归为实词，是因为它们还可以用作句子成分，比如充当谓语和定语：

（9）他只"哦"了一声。

（10）只听见电话里发出了喂、喂的声音。

例（9）中的"哦"做谓语，例（10）中的"喂、喂"做定语。

有时，同一个叹词读不同的声调便表示不同的意义。如"啊"：

（11）啊（ā），出彩虹了！（表示惊异）

（12）啊（á）？你说什么？（表示追问）

（13）啊（ǎ）！怎么会有这种事？（表示惊疑）

（14）啊（à）！伟大的祖国！（音较长，表示赞叹）

"啊（à）"还可以表示明白过来。如：

（15）啊（à），原来是你啊！（音较长，表示明白过来）

"啊（à）"还可以表示应话，此时发音较短。如：

（16）啊（à），好吧。（音较短，表示应诺）

（三）助动词

助动词也称能愿动词，属于动词中特殊的一类。它们常用在动词、形容词前面表示可能、必要和意愿等语义。如：

表可能：可能　会　可以　能　能够

表必要：应该　应当　该　要

表意愿：愿意　肯　要　敢

在句法上，助动词用作状语，对谓语中心语起评议性作用，也表达说话人的某种语气。如：

（17）他<u>可能</u>不知道这回事。

（18）十二月了，天气也<u>该</u>冷了。

（19）她不<u>愿意</u>被当作别人的替身。

例（17）~（19）中的"可能""该""愿意"分别为表可能、表必要和表意愿的助动词，它们在句法位置和语义上都容易与语义相近的语气副词混淆。如：

（20）他<u>也许</u>不知道这件事。

（21）做食品生意，<u>务必</u>要抓好安全工作。

例（20）、例（21）中的"也许""务必"为语气副词。对于助动词和语气副词的区别，教师应有明确认识（关于两类词的区分方法，详见本书第3个问题）。

需要说明的是，以上几种表达语气的手段在同一个句子里可以叠加使用。一般来说，一个句子使用的语气成分越多，所表达的语气就越强烈。如：

（22）a. 你要达到什么目的？

　　　b. 你究竟要达到什么目的？

　　　c. 你究竟要达到什么目的呢？

　　　d. 你究竟要达到什么目的呢，啊？

例（22）中，a句为一般疑问句，b句加了表探究的语气副词"究竟"，c句又加了表疑问的语气词"呢"，d句还加了表示追问的叹词"啊"。从a句到d句，表达的疑问语气越来越强。

除了词汇手段之外，汉语还可以借助语调、肯定否定叠用形式、时态成分等手段表达说话人的语气，此处不展开论述。

第二部分 特点、范围与类别

6. 语气副词有什么组合特点？

一些研究发现，语气副词具有不同于其他词语的组合特点：它们一般不与其他词语组成静态的短语结构，与其他成分的组合只能是句子层面的动态组合（张谊生，2000；齐沪扬，2002）。如：

A	B
√一个很聪明的学生	×一个真聪明的学生
√十分漂亮的风景	×实在漂亮的风景
√起码的条件	×至多/至少的条件
√最后来的人	×终于来的人
√明确指出	×明明指出
√马上出发	×索性出发
√多亏他们	×幸亏他们
√曾经学过俄语	×毕竟学过俄语的同学
√特别担心地走在路上	×简直担心地走在路上

以上A、B两列中都包含副词，其中A列作为短语是成立的，B列作为短语都不成立。但这并不表示语气副词和相应的词语不能共现，实际上，它们在句子中是可以共现的。"真聪明的学生"不能说，但"这个学生真聪明"可以说；"实在漂亮的风景"不能说，但"风景实在漂亮"是合法的。

根据这一特点，我们也可以将语气副词与一些语义相近的易混词区别开。如"起码"为属性词，可以与"条件"等词语组合为静态的短语结构（如"起码的条件"),而意义相近的"至少"不具有类似的组合特点,它应是语气副词。"最后"是表示时间的名词,可以和很多词语组成静态的短语结构(如"最后来的人""最后的告别"),语义相关的"终于"不具有类似的组合特点,是语气副词。

包含语气副词的谓词性短语在句中一般只能充当谓语或补语成分(齐沪扬、冯柳慧,2017)。如:

(1)她们<u>居然惊叫起来</u>。(做谓语)

(2)这个计划<u>的确不太周全</u>。(做谓语)

(3)她长得<u>实在太美丽了</u>。(做补语)

(4)这个活动他搞得<u>的确有声有色</u>。(做补语)

例(1)~(4)中的"居然""的确""实在"都是典型的语气副词。

一般认为,包含语气副词的短语也较少用作定语。但杨德峰(2005)指出,在一些文学作品中,包含语气副词的短语也是可以用作定语的。如:

(5)我已经到了<u>只得胡乱娶一个媳妇</u>的年龄。(做定语)

(6)这才像一个<u>终于被药物控制住</u>的精神病人。(做定语)

例(5)、例(6)中的"只得""终于"是语气副词。

如果包含语气副词的短语本身具有独立的表述性,它们作为小句可以充当大句子的主语或宾语。如:

(7)<u>他偏偏不相信这件事</u>才是我发愁的原因。(做主语)

(8)<u>它们到底有多强的生命力</u>还有待于以后观察。(做主语)

(9)去了也是<u>根本不行</u>。(做宾语)

(10)他知道<u>其实这件事并不难</u>。(做宾语)

例(7)~(10)中的"偏偏""到底""根本""其实"都是语气副词。

此外,从组合语序来看,语气副词与其他词语组合时一般总是前置,这一点与语气副词在句子中的常规位置也是一致的。

7. 语气副词有哪些句法特点？

典型的语气副词在句法上的特点主要表现为以下几个方面。

一、在谓词前做状语时不加"地"

语气副词修饰谓词性成分时不能加"地"（齐春红，2008），这一点可以从句法上将语气副词与易混的情状类副词区分开，后者做状语时是可以加"地"的。如：

（1）这种疾病正在悄悄地侵蚀着人们的身体。

（2）早不回来，晚不回来，偏偏在这节骨眼儿上回来，一定是冲着我们的事来的。

（3）我还从来没见过谁敢这么公然地顶撞领导，不由得捏了一把汗。

（4）那个年代的中国人当然不认识那个西方世界。

例（1）、例（2）中的"悄悄"和"偏偏"构形相似，前者做状语时可以加"地"，是情状副词；后者做状语不能加"地"，是语气副词。例（3）、例（4）中的"公然"和"当然"都包含语素"然"，但前者后面可以加"地"，是情状副词；后者后面不能加"地"，是语气副词。

性质形容词做状语时一般也可以加"地"，这一点有别于语气副词。如：

（5）她可以明显地体察到王教授是真心热爱他的职业。

（6）将这些变化与传统的家庭进行对照，我们可以明确地感到，家庭的第二次革命已经走向我们，走向人类。

（7）他们明明知道我根本不可能是坏人。

例（5）~（7）中的"明显""明确"和"明明"都包含相同的语素"明"，词义也比较接近，但"明显"和"明确"做状语时可以加"地"，是形容词；"明明"做状语不能加"地"，是语气副词。

语气副词的这一特点还可以将其与频率副词、程度副词区别开。如：

（8）随着风起云涌般的掌声，大师站了起来，频频地颔首致意。

（9）山还是那么高，那条小路还在，只是比起当年，稍稍地宽了一些。

其中"频频"和"稍稍"做状语都可以加"地"，前者是频率副词，后者是程度副词。

二、用于判断动词"是"和否定词"不"前

语气副词与判断动词"是"共现时一般用在前面，不能用在后面。很多研究从多方面证实了语气副词的这一特点，如古川裕（1989），齐春红（2008），齐沪扬、冯柳慧（2017）等。请看下面的例句：

（10）项链和圆牌一起给跌断了，幸亏是落在近处，我又找到了，请一位珠宝商修复了项链。

（11）他不能藏污纳垢居然是他的缺点。

例（10）、例（11）中的"幸亏"和"居然"都用在"是"前面，不能用在"是"后面。

与"是……的"结构共现时，语气副词也只能用在结构前面，不能用在结构中间或后面。如：

（12）东西果然是她拿走的。

（13）这样分析恰恰是最合理的。

例（12）、例（13）中的"果然""恰恰"也只能用在"是……的"结构前面。

语气副词与否定副词"不"共现时，一般也只用于"不"前。如：

（14）一般的用户恐怕不会想到有这些问题存在。

（15）我简直不相信方才听到的话是真的。

例（14）、例（15）中的"恐怕""简直"也都用在"不"前面，不能用在"不"后面。

三、用于助动词前

语气副词与助动词连用时，一般位于助动词之前。（张营，2011）如：

(16)那些损人利己者也许能一时"为我",但从长远看,最终是"害己"。

(17)如果还是在5年前,记者大概会问他一连串的"为什么"。

例(16)、例(17)中的"能"和"会"为助动词,"也许""大概"为语气副词,连用时,语气副词要在前面。

四、一般不用于是非问句

是非问句表示的疑问是针对句子整个命题的。它在结构上像陈述句,但一般要用疑问的语调,或在后面附加语气词"吗""吧"来表示疑问,不能后附"呢"表示疑问。可以用"是、对、嗯、不、没有"或点头、摇头作为答复。语气副词一般不用在是非问句中。如:

(18)a. 他是中国人吗?

*b. 他当然是中国人吗?

*c. 他的确是中国人吗?

*d. 他果然是中国人吗?

例(18)a为是非问句,在其中插入语气副词"当然""的确""果然"后,疑问句便不成立,如例(18)b~d。

如果在例(18)a中插入"莫非"或"恐怕""大概""也许"等语气副词(句尾"吗"换作"吧"),句子便具有了"揣度"义,表示说话人不确定的猜测。如例(18)e和f:

(18)e. 他莫非是中国人吧?

f. 他恐怕/大概/也许是中国人吧?

但语气副词"到底"似乎是个例外,它可以出现在是非问句中,表示对整个命题"追问"。如:

(18)g. 他到底是中国人吗?

语气副词的上述句法表现具有语义和语用方面的理据性:(1)助词"地"前面的状语一般具有描述性特点,语气副词即使做状语也并不是单纯修饰或描述谓语动词的,因此语气副词后一般不加"地"。(2)"是"和"是……的"具有判断义,"不"具有否定义,它们都是句子命题义的组成部分。语气副词不属于命题义，属于主观性成分。李杰（2005a）指出，句法位置的不同可以区别主观性程度，一般带有主观性的成分处于命题的外围，因此，语气副词总是位于命题义之前。（3）助动词属于动词，语气副词与助动词相比，语义虚化程度更高，主观性更强。因此，语气副词也应位于助动词之前。（4）是非问句是对整个命题的疑问，很多语气副词带有说话人对命题信息的明确态度，与疑问义相冲突，因此一般不能用在其中，但这一点并不绝对。

8. 语气副词的句法位置灵活吗？

一、句法上可删除

语气副词仅表达说话人的情感和认识，不参与句子命题意义的表达。这一特点决定了很多语气副词即使被删除也不影响句子的合法性，特别是一些较为典型的语气副词。如：

（1）<u>幸亏</u>您来得及时，要不这火肯定要灭了。
　　→您来得及时，要不这火肯定要灭了。
（2）你信也好，不信也好，<u>反正</u>这件事是真的发生了。
　　→你信也好，不信也好，这件事是真的发生了。
（3）<u>难道</u>你搞了50年哲学，<u>居然</u>不知道哲学是什么？
　　→你搞了50年哲学，不知道哲学是什么？
（4）我们不移民，也不鼓励通商，<u>简直</u>是得不偿失。
　　→我们不移民，也不鼓励通商，是得不偿失。

以上各例"→"符号后的句子为相应例句删除语气副词之后的情况。其中，语气副词表示说话人对相应命题不同的主观态度和情感认识：例（1）中"幸亏"表示说话人对"您来得及时"的"侥幸"态度；例（2）中"反正"强调说话人对"这件事"的认识；例（3）"难道""居然"表示说话人对"你不知道什么是哲学"的"惊讶"之情；例（4）中"简直"表达了"我们"对"不移民，也不鼓励通商"的"夸张"评价。在语气副词之外，每个句子的命题义都是自足的，因此，删除语气副词后句意仍自足，句子仍是合法的。

二、句法位置比较灵活

（一）做状语

语气副词的语义特点决定了其句法位置的灵活性。大部分副词做状语只有一个句法位置，即位于主语后、谓词性成分前。典型的语气副词做状语时则常见两个句法位置，除了用于主语后、谓词性成分前，还可位于主语之前（本书分别简称"主语前""主语后"），充当整个句子的状语。[①] 如：

（5）a. 自然界<u>难道</u>也有道德地位吗？（主语后）

　　 b. <u>难道</u>自然界也有道德地位吗？（主语前）

（6）a. 可悲的是，掉下水的<u>偏偏</u>没学过游泳。（主语后）

　　 b. 可悲的是，<u>偏偏</u>掉下水的没学过游泳。（主语前）

例（5）、例（6）中的"难道"和"偏偏"既可以出现在主语前，也可以出现在主语后。

需要说明的是，典型的语气副词可以有两种句法位置，但不是在所有的句子中都有两种句法位置。处于不同的句法位置时，语气副词的辖域会改变：处于主语前时辖域较宽，为包含主语的事件；处于主语后时辖域较窄，为主语之后的动作行为。辖域不同，句子的意思也就不一样。如例（6）a 和 b 都表示意外，a 中"偏偏"修饰"没学过游泳"，整个句子表示对掉下水的人"没学过游泳"的意外；b 中"偏偏"修饰"掉下水的没学过游泳"，是对"掉下水的人群"的意外，还蕴含了"没掉下水的人可能学过游泳"之意。张谊生（2000）认为评注性副词在主语前是全幅评注，即是对整个句子进行评注；在主语后是半幅评注，是对句中述题进行评注。这也是指评注性副词处于不同的句法位置时辖域改变的问题。

[①] 周萍（2007）发现多数语气副词具有两个以上的句法位置。杨德峰（2009）认为60%以上的语气副词既能用在主语前，也能用在主语后。由于其考察对象包含一些其他词类，我们推断实际比例应当高于60%。

（二）做谓语

张谊生（2000）还指出，评注性副词充当的状语与典型的副词状语不同，它们是高层谓语（即双谓语中的前谓语），其作用是对"谓语"进行评价。如例（6）b包含了两层表述，低层是"掉下水的没学过游泳"，高层是"掉下水的没学过游泳是出乎意料的"，其中"偏偏"处于高层谓语的位置。

语气副词一般不能直接做谓语。李显赫（2012）研究了一些副词谓语句，其中包括少数语气副词直接做谓语的情况。如"不必"和"未必"：

（7）a. 你这样想大可<u>不必</u>。

（8）a. 有人说像作者自己，那也<u>未必</u>。

但与动词、形容词做谓语的情况有所不同，语气副词做谓语时仍可以移至状语位（即后面添加谓语），表达言者的情感和认识。如：

（7）b. 你大可<u>不必</u>这样想。（改写）

（8）b. 有人说像作者自己，那也<u>未必</u>（像作者自己）。（改写）

例（7）b和例（8）b中，"不必"和"未必"都在谓语之前做状语。

（三）单用

副词单用多出现在口语中，有不少语气副词在口语和书面语中都可以单用。单用时，有的可以添加"的""呢"等语气词。在句子中间单用时，前后还可以有停顿；有的也可以在句尾单用。如：

（9）——后天是你大爷生日，你一定得来呀！

——<u>当然</u>，那还能不来！

（10）三百六十五转就叫一年，<u>其实呢</u>，这就是公转。

（11）他指着门，说他们用砖块敲门，敲破了好几块。<u>确实的</u>，门上留着许多痕迹。

（12）她说的是真的吗？<u>也许</u>。

9. 哪些语气副词的句法位置相对单一？

大多数语气副词句法位置灵活，既能用在主语前，也能用在主语后。但这并不是说这些语气副词可以自由地出现在主语前和主语后，它们的位置常受到句法条件的制约。如"到底"和"究竟"：

（1）a. 到底/究竟我去哪儿好呢？
　　　→我到底/究竟去哪儿好呢？
　　b. 到底/究竟你去没去？
　　　→你到底/究竟去没去？
　　c. 到底/究竟你去还是不去？
　　　→你到底/究竟去还是不去？
　　d. 到底/究竟谁去北京好呢？
　　　→*谁到底/究竟去北京好呢？

"到底"和"究竟"都常见于疑问句当中，都有追问、探究义。例（1）a～c 表明两者都具有句法位置灵活的特点，它们可以分别位于主语前和主语后做状语；但例（1）d 中"到底"和"究竟"位于主语后时都不成立。这是为什么呢？因为"到底"和"究竟"在语义指向上有以下特点：一是只能指向句中由实际词语构成的疑问形式，如疑问代词、"（是）A 还是 B"、"V 不/没 V"等疑问形式；二是只能往后指，不能往前指。（陆俭明，1997）符合这些特点时，句子才能成立。例（1）d 变换后之所以不成立，是因为疑问代词"谁"处于"到底/究竟"之前，不符合两个语气副词语义指向"后指"的要求。可见，语气副词的"句法位置灵活"并不是绝对的。

此外，语言事实表明，有些语气副词只能出现于主语之前，另有一些语气副词几乎不出现在主语之前。这就意味着在第二语言教学中，语气副词的句法位置是不可忽视的知识点之一。而哪些语气副词句法位置灵活，哪些语气副词的句法位置相对单一，教师应当做到心中有数。

一、用于主语后的语气副词[①]

张谊生（2000）指出，评注性副词分布的灵活性首先受到节奏的限制，凡是单音节的评注性副词，一般都只能位于句中，少数可以位于句尾。以此为参考，我们利用 CCL 语料库对常见的单音节语气副词进行了考察，发现当主语为名词或代词（名词和代词是典型的主语类型）时，大部分单音节语气副词都只用于主语后做状语。如：

（2）在良好的环境中，有的人却没有什么成就，甚至走向与环境所要求的相反道路。

（3）教育目的和培养目标并不是由人们主观规定的。

（4）如果老伯肯为我破费，我倒想请他做点儿更有益的事。

（5）我走出他的办公室，看见他竟从老板椅上站起来目送我离去。

（6）降低成本对于任何一个企业都是重要的，但降低成本绝不等于压低工人工资或虐待工人。

除了"却、并、倒、竟、绝"之外，只用于主语后做状语的单音节语气副词还有"又、准、本、定、决、毫、才、就、太、好、多、真、非"等[②]。

根据张谊生（2000），现代汉语中还有相当一些双音节评注性副词只能进行半幅评注（即只能位于句中），如"简直、何必、分明、明明、恰恰、到底、竟然、反倒、何尝、何其、何妨"等。杨德峰（2009）的考察发现，当主语为名词性成分时，只用于主语后的语气副词有 37 个（其中包括双音节的 23 个）。这说明不少语气副词的句法位置是单一的。

然而，语气副词句法位置的单一性应是相对而言的。我们对这些双音节语气副词逐个进行了语料考察，发现真正属于语气副词且"只能位于主语后"的其实只有少数几个，分别为"不免、必将、何妨、何其、务必"：

（7）一旦发现他的品位很糟，你不免怀疑他是否真的懂得欣赏你。

（8）国家如忽视教育，前途必将毁损。

---

① 由于名词和代词是典型的主语类型，这里暂不考虑主语为数量名短语和疑问代词的情况。
② 当主语为名词或代词时，单音节语气副词"岂、还"句法位置相对灵活，既能位于主语前，也可以位于主语后。

（9）说不说在你，肯不肯在他，你何妨去谈一谈。

（10）对于像中国这样一个发展中国家，这何其重要，何其宝贵！

（11）我是实心实意地为你着想，请你务必听从我的话……

另一些语气副词如"何必、未免、何尝、竟然、必定、简直、根本、分明、千万、万万"等，在少数情况下也可以用于主语之前。如：

（12）不是派了检查队进厂了吗？何必你们去操心！

（13）果真如此，未免我们人的思考过程太不可思议，太不正常了。

（14）我的兰花蕙草枯萎了，死灭了，何尝我不悲哀，我所悲哀的是什么？是众芳之芜秽。

（15）不料最后竟然他也将自己贡献给"黑色寡妇"。

（16）一个人能够成功，必定他身上有许多经验可以借鉴。

（17）简直我不愿再提这回事了，不过为了圆场面，我总得把问题提出来。

（18）我听这句话像禅语似的，是吧，根本我就不明白呀。

（19）分明我是给人弄醉了，而且醉得一塌糊涂！

（20）他想：千万可别走掉了找不着！千万我可别记错了地方！

（21）没想到现在我倒享福了，我万万、万万我也没想到啊！

例（12）～（21）大都带有一些口语色彩。尽管如此，它表明其中语气副词的句法位置并不是绝对单一的。严格地说，这些语气副词是常见于名词性主语后，少数情况下也可以用于主语之前的。这也侧面证明了它们作为语气副词的典型性。

二、用于主语前的语气副词

杨德峰（2009）认为，当主语为名词性成分时，有三个语气副词只能用于主语之前，分别为：不料、多亏、幸好。实际上，"不料"是连词，"多亏"是动词[1]，只有"幸好"是语气副词。我们发现，"幸好"大多数情况下是用于主语前的，但也有用于主语后的情况。如：

---

[1] 见《现代汉语词典》（第7版）。

(22)一位获救的姑娘说,她幸好没有买船室卧铺票。

(23)我幸好躲在他身后两三步远的地方,否则也不能幸免。

(24)这时候,他们幸好得到一位工程师的帮助,否则任务是完不成的。

例(22)~(24)中的"幸好"都是位于主语之后的。

综上所述,尽管前人研究多论及语气副词句法位置的灵活性特性,仍有一些语气副词在句法分布上表现出单一性或相对单一性。教师应全面、严谨地认识语气副词句法分布的特点,将其合理地应用到教学中。

10. 语气副词怎么界定?

前文介绍了语气副词的定义、语气副词与相关易混词的辨析问题以及语气副词的组合特点和句法特点。通过这些内容,我们对什么是语气副词以及判定一个词是不是语气副词有了大致的了解。但语气副词作为一个典型的原型范畴,给出其明确的界定标准仍是一个较难处理的问题。汉语词类的界定要综合词义、词的组合能力与句法功能(即词充当句子成分的能力)等方面的特点,但长期以来,学界对语气副词的判定大都以词义为主:只要缺少实义、表示某种情绪,且常用在副词位置,便将其归入语气副词。对于典型的语气副词来说,这种处理没什么问题;但对于一些非典型的语气副词来说,就可能出现争议。此外,词义判断的主观性也带来了语气副词范围不清以及数量差别较大的问题。

作为原型范畴,同一词类的成员之间应当具有大致相同的意义和句法功能。因此,在判定某个词是否属于语气副词时,应有一个基本的思路:如果某个词的意义和句法分布符合语气副词的全部或大多数特征,那么它属于典型的语气副词;符合其中的部分特征,是非典型的语气副词;如果只符合少数特征,就是语气副词的边缘成员,或可考虑将其划入其他词类。那么,哪些句法特征可以用来作为界定语气副词的参考标准呢?这些句法特征的典型性是否相同呢?

齐沪扬、冯柳慧(2017)研究得出了语气副词隶属度量表,具体见表10-1。

表 10-1 语气副词隶属度量表

序号	分布特征	权值设定 (√)	权值设定 (×)
1	可以后附"是"和"不",而一般不可以前附"不"	10	-10
2	可以独立使用(后面可以跟语气词或者单独做谓语回答问题)	10	0
3	句法位置比较灵活,并非只居于谓语前的状语位置	20	-20
4	在谓词性成分前充当状语时后面不加"地"	20	-20
5	含有语气副词的谓词性短语一般在句中只能充当谓语或补语成分	10	0
6	与情态动词连用时,一般只能位于情态动词之前	10	0
7	一般不能在是非问句中做状语	10	0
8	语义上表示对命题的主观评价和态度,添加以后可以改变句子整体的感情色彩	10	-10

在表 10-1 中,第 1~7 条是语气副词常见的句法分布特点,第 8 条则表现了典型语气副词对句子整体语义的影响。从每个特点的权值设定可以看出,该量表认为第 3、4 条属于语气副词最为典型的特征,其次是第 1、8 条,再次是第 2、5、6、7 条。以该量表为参照,如果某个语气副词符合某一条件的例句大于或等于 10 句,就可以加上相应的分值;总分 0~100 分别对应 [0,1] 的隶属度区间。当某一个词的语气副词隶属度在 [0,0.5] 区间内时,属于非典型语气副词;在 [0.6,0.8] 区间内时,属于比较典型的语气副词;在 [0.9,1] 区间内时,属于典型语气副词。

下面以"固然"和"断然"为例进行说明:"固然"除了不能独立使用之外,满足其他七条标准,得分 90,语气副词隶属度就是 0.9,应属于典型的语气副词。"断然"符合条件 1,+10;不能独立使用,+0;只能在句中充当状语,-20;做状语后面不可以加"地",+20;含有"断然"的谓词性短语一般只能在句中做谓语或补语,+10;情态动词可以位于"断然"前面,+0;符合条件 8,+10;各项分值相加,"断然"的最后得分为 30,语气副词隶属度就是 0.3。可见,它属于非典型语气副词,或不应看作语气副词。

该量表所列八条特征包含了语气副词大部分的句法功能和语义特点,权值设定具有合理性,为语气副词的界定提供了一个相对科学的标准,具有重要的参考价值。

此外,语气副词的界定还可以参考它的组合特点和语义特点:(1)只能与其他词语构成动态的组合;(2)在句中被删除后基本不影响所在句子的合法性。

11. 常见的语气副词有哪些?

语气副词作为副词的一个类,具有副词的共同特点:封闭的类、数量有限。但现代汉语中究竟有多少个语气副词,学界还没有形成统一的认识:一些典型的语气副词各家基本都认可,另一些是否属于语气副词还存有争议。

通行的现代汉语教材所列举的一般都是较为典型、常见的语气副词,具体见表 11-1。

表 11-1 通用教材中的语气副词

作者	教材名称	所列语气副词
胡裕树	现代汉语	难道、究竟、也许、偏偏、莫非、岂、大概
北京大学中文系现代汉语教研室	现代汉语	却、可、倒、竟、也、就、偏、偏偏、都、简直、索性、幸亏、难道、到底、究竟、也许、或许、大约、大概
黄伯荣、廖序东	现代汉语（增订六版）	难道、岂、究竟、偏偏、索性、简直、就、可、也许、难怪、大约、幸而、幸亏、反倒、反正、果然、居然、竟然、必然、必须、确实、何尝、何必、明明、恰恰、未免、只好、不妨、根本

二语教学的语法大纲中所列的语气副词一般也都是比较常见的。如《汉语水平等级标准与语法等级大纲》在乙级、丙级、丁级中涉及语气副词(甲级未涉及),其中乙级语气副词 16 个,分别为"倒、准、到底、果然、千万、难道、

究竟、恐怕、尽管、尽量、大约、差点儿、并（不/没）、决（不/没）、毫（不/没）、可（你可不能这么说）"；丙级语气副词16个，分别为"幸亏、明明、简直、偏偏、何必、居然、毕竟、分明、竟然、万万、反正、反而、竟、其实、不免、不禁"；丁级副词未进一步分类，可划为语气副词的大概有十几个，分别为"不妨、必将、反倒、好在、或许、恰巧、索性、未免、无非、幸好、只管、终究"等。再如《国际汉语教学通用课程大纲》（修订版）在三级语法项目中列出"终于""其实""当然"三个语气副词，四级语法项目"反问句"中涉及语气副词"难道"，五级语法项目"反问句"和"复句"中涉及"何必、何苦、何不、何尝"和"反而、宁可"，六级语法项目复句中涉及"宁肯、固然"等。

可以看出，教材和大纲所列的语气副词数量是比较有限的。相比之下，汉语学界研究语气副词的文章和著作中列出了大量语气副词，并且数量不一。如：李泉（1996）列出151个语气副词，齐春红（2008）列有169个，史金生（2011）列有204个，张谊生（2014）列有161个。其中，有的语气副词带有明显的方言或文言色彩，在现代汉语普通话中并不常见；还有少量语气副词明显应归为其他词类。

本书主要参照齐沪扬教授团队最新研制的《对外汉语教学语法初级大纲》和《对外汉语教学语法中级大纲》，同时结合前人相关研究和教学实践，列出了较常见的语气副词（共123个）：

单音节：准、定、决、绝、是、明、却、倒、偏、竟、并、又、还、才、可、岂、也、好、真、多、就、毫、都、本。

双音节和多音节：绝对、一定、想必、必定、必将、无非、肯定、也许、或许、或者、恐怕、大概、大约、八成、至少、至多、莫非、似乎、好像、未必、不一定、就是、明明、分明、的确、确实、着实、实在、当然、自然、诚然、固然、果然、果真、当真、难怪、怪不得、原来、竟然、居然、偏偏、反而、反倒、倒是、其实、实际上、幸亏、幸而、幸好、好在、差（一）点儿、恰恰、恰好、恰巧、刚巧、正巧、正好、到底、究竟、毕竟、总算、算是、终于、总归、终归、终究、宁肯、宁可、宁愿、非得、干脆、索性、只好、只得、不禁、千万、万万、不妨、无妨、何妨、务必、必须、尽管、难道、何必、何苦、何不、何妨、何尝、未免、不免、未尝、几乎、简直、可是、本来、根本、反正、好歹。

12. 语气副词包含哪些意义类别？

由于语气副词语义较虚，内部成员数量较多，所涉意义也比较庞杂，因此，对语气副词进行再分类也是一个比较复杂的问题。且分类的目的和标准不同，往往会带来不同的分类结果。史金生（2003a）参照 Lyons（1977）等情态体系，从表达功能的角度对语气副词进行了逐层分类。分类结果如下：

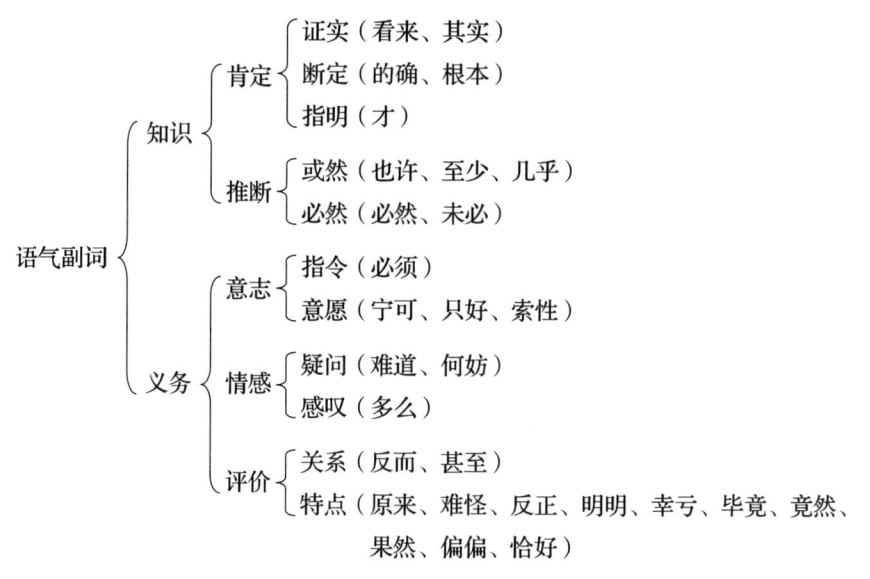

```
               ┌ 肯定 ┬ 证实（看来、其实）
               │      ├ 断定（的确、根本）
         ┌ 知识┤      └ 指明（才）
         │     │
         │     └ 推断 ┬ 或然（也许、至少、几乎）
         │            └ 必然（必然、未必）
语气副词 ┤
         │     ┌ 意志 ┬ 指令（必须）
         │     │      └ 意愿（宁可、只好、索性）
         │     │
         └ 义务┤ 情感 ┬ 疑问（难道、何妨）
               │      └ 感叹（多么）
               │
               └ 评价 ┬ 关系（反而、甚至）
                      └ 特点（原来、难怪、反正、明明、幸亏、毕竟、竟然、
                              果然、偏偏、恰好）
```

这一分类可以帮助我们进一步认识语气副词。但因为分类目的不在于指导教学，类别名称的命名角度不一，个别小类（如"特点"类）包含的成员比较多，各成员的语法意义和常见用法差异较大，对第二语言教学的帮助比较有限。

我们尝试以指导教学为目的，结合各词语的表达功能和常见的语义场景对语气副词进行再分类。在前人研究的基础上，我们从说话人使用的角度对常见语气副词进行了类别划分和命名。具体如下：

1. 表确定

准、定、决、绝、绝对、一定、想必、必定、必将、无非、肯定。

2. 表不确定

也许、或许、或者、恐怕、大概、大约、八成、至少、至多、莫非、似乎、好像、难道、未必、不一定。

3. 表确认

是、明、就是、明明、分明、的确、确实、着实、实在、当然、自然、诚然、固然。

4. 表料悟

果然、果真、当真、难怪、怪不得、原来。

5. 表意外

却、倒、偏、竟、竟然、居然、偏偏、反而、反倒、倒是、其实、实际上。

6. 表侥幸

幸亏、幸而、幸好、好在、差（一）点儿。

7. 表契合

恰恰、恰好、恰巧、刚巧、正巧、正好。

8. 表探究

到底、究竟、毕竟。

9. 表归结

总算、算是、终于、总归、终归、终究。

10. 表意愿

宁肯、宁可、宁愿、非得、干脆、索性、只好、只得、不禁。

11. 表指令

定、决、绝、一定、千万、万万、不妨、无妨、何妨、务必、必须、尽管。

12. 表辩驳

并、又、还、才、可。

13. 表反诘

岂、难道、何必、何苦、何不、何妨、何尝。

14. 表委婉

也、未免、不免、未尝、几乎。

15. 表感叹

好、真、多、可、还、简直。

16. 表强调

才、就、还、毫、都、本、可是、本来、根本、反正、好歹、万万。

以上各类别的名称，与其说是语气副词自身的语义，不如说是其常见的语义场景。如"确定/不确定"类，指的是说话人对某事件或命题做出确定/不确定性判断时常用的语气副词；"确认"类指的是说话人要确认某事件或命题时常用的语气副词；"料悟"类指的是说话人在表示"料定/醒悟"义时常用的语气副词。其余可依此类推。

在相同的场景中，共现成分不同，语气副词表达的语义也不同。如"确定"类语气副词在与第一人称共现时，表示说话人的"决心"；与第二、第三人称共现时，表示说话人对某事的"确定性猜测"。其中，"定、一定、决、绝"等还可用于祈使句，表示对"指令"的强调。以"一定"为例：

（1）我一定要重整旗鼓，做一个像样的男子汉。

（2）懂得了这个道理，你一定会乐于这么做。

（3）我想，他一定能赢。

（4）你一定要看更长远一些，而不只是看当下。

例（1）表示说话人的决心，例（2）、例（3）表示说话人的确定性猜测，例（4）表示说话人对指令的强调。可见，尽管表达的具体态度和情感不同，但这些场景都包含了说话人对事件或命题的"确定"性判断。

总之，以上分类综合考虑了语气副词常见的语用场景以及说话人的情感和认识，其分类和命名都是说话人视角。此外，还有几点需要说明：

第一，16个类别大致反映了语气副词常见的语义场景，但语义类别之间并非毫无关联。比如，"不确定"本身也是"委婉"的一种表达方式。

第二，有的语气副词常见于不同的语义场景，如："难道"既可用来表示"反诘"，又可用来表示"不确定性揣测"；"万万"既可用于"指令"义，又可用于"强调"义。因此，将它们分别列在了不同的类别中。

第三，有的语气副词词义和语用功能表现不一，比如"其实、实际上"，其词义似乎都表"事实"，但下文语义常表示对前文的"转折"，因此将其归入了"意外"类。

当然，语气副词个性明显，隶属同一小类的语气副词成员几乎都有语义或语用上的个性特征。全面认识某个语气副词的意义和用法，还应加强语义和语用方面的近义词辨析和个性化分析。

第三部分 语义与语用

13. 语气副词有固定的语义结构模式吗?

一些语气副词对上下文的语义有要求,在使用中表现出比较固定的结构模式,称为"语义结构模式"或"语篇语义模式""语义格局""结构语义类型"等。语义结构模式从单句以上层面对语气副词的语义环境进行分析,有助于我们较全面地解析语气副词的语义条件与语用特点,并为二语教学提供较为直接的帮助。

现有研究已经归纳出部分语气副词的语义结构模式,如"倒""毕竟""反而"等,其结果具有一定参考价值。下面我们结合相应例句进行简要介绍。

一、"倒"的语义结构模式

彭小川(1999)认为"倒"的基本语法意义是"对比",具体包括"相反关系"和"相对关系"两种。"倒"在语篇中的基本模式有四种:I. A+(X)+B 倒;II. A 倒+(X)+B;III.(A+B)+B' 倒;IV.(B)倒。其中,A 和 B 为对比项,X 为在语义上与对比项有联系但又不属于对比内容的部分。

(一)模式 I[A+(X)+B 倒]中,"倒"位于对比后项。如:

(1)她追问道:"哪一家字号买的,<u>你记不清</u>,<u>我倒晓得哩</u>。"
　　　　　　　　　　　　　　　A　　　　B

例(1)是拿"你"和"我"做对比。

(二)模式 II[A 倒+(X)+B]中,"倒"位于对比前项。如:

(2)<u>我倒不要紧</u>,这是为你,<u>你总该当心点儿</u>,不要忘了自己的身份。
　　　A　　　　　　　　　　　B

例（2）是将"我"和"你"做对比。

（三）模式Ⅲ［(A+B)+B'倒］中，"倒"用于对别人的不同看法或建议等所做出的选择性评价，即否定A赞成B，B'是对B的复指。如：

（3）小李对小张说："那个女孩儿挺不错的。<u>你还不想结婚啊？</u>"小张答
　　　　　　　　　　　　　　　　　　　　　A
道："<u>结婚哪有一对是不吵架的？</u> 单身是有很多好处的。"小李笑道："<u>那倒是</u>，
　　　　B　　　　　　　　　　　　　　　　　　　　　　　　　　　　B'
就像我跟我媳妇，现在一天不吵架都过不去。"

例（3）中，A为"小张不想结婚"，B'为"那"，复指B"结婚没有一对是不吵架的"。该句中小李对"小张不想结婚"持否定态度，但赞成他关于"结婚会吵架"的观点，属于选择性评价。

（四）模式Ⅳ［(B)倒］中，上下文在形式上没有明显的对比项。如：

（4）唉，<u>早知道不养儿女倒好了</u>！
　　　　　　　　　B

（5）他每天很早就到姑妈家去了，连晚饭也不回来吃。<u>我倒有点儿替他担忧。</u>
　　　　　　　　　　　　　　　　　　　　　　　　　　　　B

例（4）、例（5）中虽然没有明确的对比项，但在句子理解时又都可以补出对比项来："不养儿女"是与"养儿女"做对比，"我倒担忧"与"别人不担忧"做对比。

在实际应用中，"倒"的用法比较灵活，有时是模式Ⅰ+模式Ⅱ，有时是模式Ⅰ+模式Ⅲ，详见彭小川（1999）。

二、"毕竟"的语义结构模式

祖人植、任雪梅（1997）归纳了"毕竟"在语篇中的两种语义结构模式，它们又分别包含繁式和简式。

（一）模式Ⅰ的繁式为：（虽然）A+［（但是）B+（因为）毕竟C］。如：

（6）虽然<u>文学中地位最高的是与历史、现实、政治有关的作品</u>，但<u>那些诗文</u>
　　　　　　　　　　　　　　A
<u>实在是可敬而不可爱</u>，因为毕竟<u>离人们的感情世界太远了</u>。
　　B　　　　　　　　　　　　　　C

模式I的简式为：B+（因为）毕竟C。如：

（7）模板化还要注意模板一定要多，毕竟每个使用者的需求都有所
　　　　　B　　　　　　　　　　　　　　　　C
不同，……

简式还有一种变体，其中B句为C句的上文，C与B语义上不直接相关，但能在C中找到隐含的B。如：

（8）（主持人肯定了大部分人能依法纳税，然后说）我们的百姓毕竟是知法
守法的。
　C

例（8）中B隐含在上文中，意为"大部分人能依法纳税"。

（二）模式II的繁式为：[（虽然）A+（但是）毕竟C]+（因此）B。如：

（9）他还病得很厉害，但是毕竟觉得肚子有些饿了，因此就吃了起来。
　　　　　A　　　　　　　　　　C　　　　　　　　　　B

模式II的简式为：（虽然）A+（但是）毕竟C。如：

（10）虽然马不停蹄日夜操练，但是毕竟缺乏实战经验。
　　　　　　　A　　　　　　　　　　　C

该简式也有一个变体，其中A句为C句的上文，C句与A句不存在直接的语义关系，但两者是呼应的。如：

（11）（前文谈到当头儿有种种好处）在这世界上，当头儿的毕竟是少数。
　　　　　　　　　　　　　　　　　　　　　　　　　　　C

三、"反而"的语义结构模式

马真（2004）认为，"反而"表示实际出现的情况或现象跟按常情或预料在某种前提下应出现的情况或现象相反，"反而"的语义背景可以描述为：

A. 甲现象或情况出现或发生了；

B. 按说[常情]/原想[预料]甲现象或情况的出现或发生会引起乙现象或情况的出现或发生；

C. 事实上乙现象或情况并没有出现或发生；

D. 倒出现或发生了与乙现象或情况相悖的丙现象或情况。

其中，A和D必须出现，B、C可以出现或不出现。因此，"反而"的语义

结构模式就有四种：模式Ⅰ.A＋B＋可是（不但）C＋反而D；模式Ⅱ.A＋可是（不但）C＋反而D；模式Ⅲ.A＋B＋可是＋反而D；模式Ⅳ.A（＋可是）＋反而D。其中，模式Ⅰ为基本式，模式Ⅱ、Ⅲ、Ⅳ为省略式。分别如例（12）～（15）（见马真，2004）：

（12）今天午后下了一场雷阵雨，原以为可以凉快一些，可是并没有凉下来，反而更闷热了。
　　　　　　A　　　　　　　　　B　　　　　　　　　C
　　D

（13）今天午后下了一场雷阵雨，可是并没有凉下来，反而更闷热了。
　　　　　　A　　　　　　　　　C　　　　　　　　D

（14）今天午后下了一场雷阵雨，原以为可以凉快一些，反而更闷热了。
　　　　　　A　　　　　　　　　B　　　　　　　　D

（15）今天午后下了一场雷阵雨，反而更闷热了。
　　　　　　A　　　　　　　　D

四、几点说明

（一）语义结构模式有时表现为完全模式，有时表现为简式，两者本质上是同一种语义结构模式。在教学中，完全模式可以帮助学生全面理解语气副词的语义要求。

（二）不少语气副词在使用中表现出较为固定的语义结构模式，如"本来""原来""怪不得""难怪""分明""明明""诚然""固然""居然""果然""宁可""反倒""其实"等。但这并不意味着所有的语气副词都必然存在固定的语义结构模式。实际上，可能有相当数量的语气副词不具有固定的语义结构模式，比如在单句层面语义自足的语气副词。

（三）对语气副词语义结构模式的分析应当是在大量语料分析的基础上得出的。教师在教学中可以将一些结论作为参考，但还应关注其中的典型用法和非典型用法。在相当规模的语料库中，那些比例上占绝对优势的语义结构模式类型更具典型性。

14. 语气副词有哪些语用功能？

语气副词是言谈交际中不可或缺的一类词，其价值更多地体现在语用上。所谓语用功能，指的是语气副词在使用中所具有的功能。具体而言，既包括语气副词在句子中具有的语用功能，也包括其在语篇中所发挥的作用，还包括它们在交际中的互动功能等。本节主要涉及三个方面：评价性功能、强调性功能和突显主观性的功能。

一、评价性功能

"评价"指的是说话人对命题或客观事物的主观认识。语气副词是表达言者"主观态度"和"情感认识"的词，其语用功能直接表现在"评价性"上。评价性功能不仅是单个语气副词所承担的"语气职责"的表现，也是指一类语气副词共同承担的"语气职责"（齐沪扬，2003）。张谊生（2000）将语气副词称为"评注性副词"，因为"其基本功能在于充当谓语进行主观评注（evaluative）"，"评注"与"评价"本质上应是一致的。可见，评价性应是语气副词的一项基本的语用功能。

在语气副词的不同意义类别中，除了表意愿和表指令的语气副词不具有明显的评价性功能之外，其他类别"表确定、表不确定、表确认、表料悟、表意外、表侥幸、表契合、表探究、表归结、表辩驳、表反诘、表委婉、表感叹、表强调"等，意义本身都带有评价性。从所在句子的语义来看，语气副词的评价性功能可以分为三种：肯定性评价、否定性评价和不确定性评价。

（一）肯定性评价

语气副词大都可以表示肯定性评价。如：

（1）从长期来看，各国生产自己的优势产品，然后进行自由贸易，<u>的确</u>是双赢的。

（2）何强果然是好样的，只见呼呼生风的南拳，透出一股强大的穿透力，势不可当。

例（1）、例（2）中的"的确""果然"分别为表确认、表料悟的语气副词，它们所在的句子都是肯定句，语用功能均为肯定性评价。

表反诘的语气副词通过反问的形式表示肯定性评价。如例（3）中的"何尝"：

（3）科学技术，对所有为之献身的人来说何尝不是一种宗教。

表辩驳的语气副词在双重否定句中也是肯定性评价。如：

（4）这又不是见不得人的事情，为什么不可以正大光明地办婚礼呢！

例（4）画线句子为双重否定句，"又"实际也表肯定性评价。

（二）否定性评价

可用来表示肯定性评价的语气副词一般也都能用在否定句中表示否定性评价。此外，表辩驳和表反诘的语气副词还常用来表示否定性评价。如：

（5）那大汉嘿嘿冷笑道："你又不是俺的大王，凭啥叫俺下拜？"

（6）我来也不是你请来的，这钱也是我弟弟出的，你横啥？切！还大学生呢！比泼妇还泼！

（7）像我这样的人生来就没钱，只得去卖苦力气，也得不到多少报酬，这难道是公平的吗？

例（5）中的"又"对"大王"身份表否定性评价；例（6）中的"还"对"大学生"身份表否定性评价；例（7）中的"难道"是通过反问形式对"人生公平"表否定性评价。

（三）不确定性评价

表不确定的语气副词常表示此类评价。如：

（8）在他们的心目中，这个宝贝儿子是极其柔顺的，今晨未向父母请安就早出门，莫非是对这桩婚事不满意吗？

（9）文章对范仲淹为什么去国怀乡、为什么"忧谗畏讥"都没有交代，这或许是仁者的敦厚？或许是为文的含蓄？或许其另有难言之处？

例(8)、例(9)中的"莫非"和"或许"都表达说话人的不确定性揣测，是不确定性评价。

二、强调性功能①

"强调"的意思是"着重提出"，常常是说话人的有意为之。可以说，几乎所有的语气副词都有强调性功能。但对第二语言学习者来说，如果说语气副词都表示"强调"，必然会带来使用中的混乱。显然，不同类别的语气副词着重强调的内容是不同的。大致可分为以下几种情况：

（一）表不确定、确认、料悟、意外、意愿、归结、委婉、辩驳、反诘的语气副词强调对事件或命题的认识。如：

（10）这个组织是个秘密团体，大概是明末清初时候起始的。

（11）世界上没有永恒不变的教育，当然也就没有永恒不变的教育目的。

（12）人既具有成为与其他自然物不同存在的可能，他终归要从物的沉沦中挣扎出来。

（13）仅仅把环境保护理解为人"聪明的自利"，这样的思想也未免有些狭隘了。

（14）即使是一本大学毕业的大学生，找工作也并不简单，其他的就更不用说了。

（15）人对自然界讲道德，难道自然界也有道德地位吗？

例（10）~（14）直接强调对命题的认识，例（15）是用反诘语气强调对命题的认识。

（二）表侥幸、契合、探究、指令的语气副词强调对事件、命题、疑问或指令的态度。如：

（16）幸亏您来得及时，要不这火肯定要灭了。

（17）在前十名现役球员中，他恰好排在第十位。

（18）你上一次说你有两门不及格，可这次你又说都不及格，到底是怎么回事？

---

① 齐沪扬（2003）将强调性功能分为正向强调和负向强调、顺接强调和逆转强调。

（19）他一面盛赞这里的大商场出人意料的豪华，一面又说，这种店<u>万万</u>不可建得太多。

例（16）、例（17）表示说话人对侥幸和巧合的强调，例（18）、例（19）分别表示说话人对疑问和指令的强调。

（三）表确定的语气副词与第一人称共现时，强调说话人的某种决心。如：

（20）"送来多少都行，我<u>准</u>能把它们的毛拔得干干净净！"老农笑着说。

例（20）中的"准"强调了老农"把毛拔干净"的决心。

（四）表感叹的语气副词强调说话人对命题的意外、夸张等态度。如：

（21）这个电影故事<u>简直</u>太感人了！

例（21）中的"简直"夸张地强调"这个电影故事"的"感人"程度很高。

（五）表强调的语气副词强调命题本身。如：

（22）你会甘心吗？<u>好歹</u>你也是影帝啊，还演这种角色。

例（22）中的"好歹"突显命题"你也是影帝"。

三、突显主观性的功能

语气副词都具有表达说话人立场、态度和情感的功能，其中一些表现更有典型性。如表意外的语气副词"居然、竟然、偏偏、其实、反而、反倒"等具有明显的标示反预期信息的功能，它们通过表达"反预期"来突显说话人的立场。如：

（23）个别学校都不愿意招生，<u>居然</u>每两年就招一届六七个孩子。

（24）我是反对速读的，原因就是速读……有口无心。他们读得很快，可是真正的精髓<u>反倒</u>不能掌握。

例（23）用"居然"表示说话人认为"学校每两年就招一届六七个孩子"是不正常的，例（24）用"反倒"表达说话人"反对速读"的立场。

辩驳、反诘、委婉等，都是强主观性的表达方式。如：

（25）我们强调五育并举，全面发展，<u>并</u>不是主张门门百分，平均发展。

（26）老板，您是我的恩人，我<u>岂</u>能背叛于您？

（27）我的眉毛和眼睫毛是深棕色的，而你的眉毛和眼睫毛<u>几乎</u>是——我不想说破，但它们<u>几乎</u>是白色的，我的亲爱的菲比。

有的语气副词本身就是用来宣泄情感的。如"还"：

（28）玉喜说："哎！你这话说得我不爱听啊！别指桑骂槐的。有理说理。……你横啥？切！<u>还</u>大学生呢！比泼妇还泼！"

（29）"你们头儿是谁？"吴胖子不依不饶，"叫他出来，一块儿上派出所。我<u>还</u>不信了，明儿就给你们见报。"

"还"的用法涉及"元语"概念。所谓"元语"，指的是用来指称或描述语言的语言。（沈家煊，2001）元语本就是针对命题内容表明说话人的态度的，因此，元语用法具有更强的主观性。例（28）中的"还"表示"元语增量"，是对对方"大学生身份"的高度讽刺。例（29）中的"我还不信了"含有故意违逆听话人意愿的口气，杜道流（2014）称之为"拂逆句"，认为语气副词"还"是"拂逆标记"。"讽刺"和"拂逆"都是人们的情感宣泄。

语气副词的评价性功能、强调性功能和突显主观性的功能都与语气副词的主观性特点有关。实际上，很多语气副词的语用功能不止于此，不同的语气副词还表现出不同的语用特点，详见本书第15～18个问题。

15. 语气副词可以表述或标记焦点吗？

一、焦点的定义和类型

"焦点（focus）"与"背景（background）"相对，是一个话语功能概念。人们的言语交际都是由旧信息（已知信息）引出新信息（未知信息）的过程，其中旧信息是指说话人主观上认为听话人已经知道的信息，新信息是指说话人主观上认为听话人还不知道的信息。在新信息中，说话人着重说明或强调的部分就是"焦点"，是句子的意义重心所在，也是说话人最想让听话人注意的部分。理解了焦点的概念，有助于准确把握句子的重音和逻辑语义。

"焦点"一般可分为常规焦点和对比焦点。由于句子的信息编排总是从旧到新，句末常常是新信息所在的位置。因此，常规焦点也被称为"自然焦点"或"句末焦点"。如：

（1）早饭他吃的鸡蛋。

（2）来中国学汉语之前，他是一位建筑师。

例（1）中的"鸡蛋"和例（2）中的"建筑师"都处于句末，都是常规焦点。

对比焦点是说话人出于对比目的有意强调的信息，一般是句中的某个成分。其中，对比项可以是上文提到或语境中实际存在的，也可能是交际双方都认可的。对比焦点在口语中可以通过强制性对比重音突显出来，在书面语中则是通过一些标记词来表现。如：

（3）这件事是我告诉他的。（不是"别人"告诉他的）

（4）这道理连小孩子都懂。（"大人"更懂）

例（3）中的"我"和例（4）中的"小孩子"都是对比焦点，也是所在句子的重音。其中的"是"和"连"一般被认为是常见的对比焦点标记词。但也有人认为"连"标记的对比焦点不同于其他对比焦点，属于有对比作用的话题性成分，应称为"话题焦点"。话题焦点不能以句中的其他成分为背景，而只能以句外的某个话题成分或认知成分为背景得到突出，它的作用只表现在跟句子之外的成分的对比上（见刘丹青、徐烈炯，1998）。一般情况下（句中没有话题焦点时），常规焦点和对比焦点都是所在句子的唯一焦点。有话题焦点的句子所表达的重点仍在话题后的某个成分上，因此，有话题焦点的句子一般还会有对比焦点或常规焦点。话题焦点也可以说是位于话题位置的对比焦点，都具有对比性是两者的相同之处。

二、语气副词标记焦点

（一）标记话题焦点

刘丹青、唐正大（2001）认为语气副词"可"是话题焦点敏感算子，具有标记话题焦点的作用。我们以几个例句来说明：

(5)张三可不愚蠢。(李四愚蠢)

(6)你那儿说得过去,头儿那儿可说不过去了。

(7)想死很容易,要活好了可是难上加难。

例(5)中语气副词"可"标记话题焦点"张三","不愚蠢"是句子的对比焦点,"李四愚蠢"是该句预设的外部语义背景。例(6)中"可"标记话题焦点"头儿那儿","说不过去"是句子的对比焦点,"你那儿说得过去"是"可"句的外部背景。例(7)中"可"标记话题焦点"要活好了","难上加难"是句子的对比焦点,"可"句的外部背景为"想死很容易"。

语气副词"还"和"才"也有标记话题焦点的功能。如:

(8)小车还通不过呢。("大车"更通不过)

(9)我都气死了,你还哭呢。

(10)你们都错了,我才是对的。

(11)你不提,她才不会管你呢。

例(8)~(11)中,分别处于"还""才"前面的"小车""你""我""她"都是句中的话题焦点。

(二)标记对比焦点

一些语气副词具有标记对比焦点的作用,如表意外的语气副词"却、倒、竟、竟然、居然、偏偏、反而、反倒"等,它们后面常连接对比焦点。

(12)这样的教学费时较多,收效却不明显。

(13)老远老远,我就寻找孙悦家的窗口,想看看是否有灯光。可是我来的次数太少了,竟然认不出她的窗口。

(14)早不回来,晚不回来,偏偏在这节骨眼儿上回来,一定是冲着我们的事来的。

(15)生活空间狭小、杂乱无章,不仅无助于情绪的稳定和改善,反而加剧了情绪的不稳定。

(16)在未见着他们时,他总是恨不得把那俩暴揍一顿,但现在见着了,却反倒不想怎么他们了。

例（12）中"却"标记对比焦点"不明显"，与"费时较多"形成对比；例（13）中"竟然"标记对比焦点"认不出"，对比项是前文中的"想看看"；例（14）中"偏偏"标记对比焦点"这节骨眼儿上"，与"早"和"晚"形成对比；例（15）中"反而"标记对比焦点"加剧"，对比项为前文的"稳定和改善"；例（16）中"反倒"标记对比焦点"不想"，与前文"恨不得把那俩暴揍一顿"形成对比。

表意外的语气副词中，有的还具有对比焦点敏感性，也就是说，当它们的句法位置改变时，句子的对比焦点也会发生相应的变化。如"居然""竟然""偏偏"等：

（17）a. 他居然／竟然／偏偏昨天坐飞机去南京了。（不是"今天"）
　　　b. 他昨天居然／竟然／偏偏坐飞机去南京了。（不是"坐火车"）
　　　c. 他昨天坐飞机居然／竟然／偏偏去南京了。（不是"去上海"）

例（17）a 句的对比焦点为"昨天"，b 句的对比焦点为"坐飞机"，c 句的对比焦点为"去南京"。可以看出，三个语气副词在句子中总是紧接着对比焦点的。

具有辩驳语气的"又"和"也"常读轻声，作用在于突显它们后面的成分，也被称为"焦点算子"（史金生，2005）。如：

（18）防洪防汛工作正紧张，恰恰这时妻子患肝炎住进了医院。有人劝他暂时不要出差下基层，他却说："我又不是医生，在家里也没用，生病听医生的就行了。"

（19）车已超过那五去了，那五叫道："我也没说不坐，你别走哇！"

例（18）、例（19）中的"不是医生""没说不坐"都是所在句子的对比焦点。

三、语气副词充当焦点

除了标记句中焦点之外，一些语气副词本身还具有焦点表述功能（见齐沪扬，2003），即它们本身便是所在句子的意义重心。由于语气副词表达说话人不同类型的主观态度和情感（不同类型之间形成对比），并且不常位于句末，因此，它们在句中应属于对比焦点。

（一）表确定的语气副词，如"定、断、决、绝、准、一定、必定、必将、无非"等，可以充当句子的对比焦点。如：

（20）任何一个组织的存在，一定有其目的性，否则组织就不会存续。

（21）一个人能够成功，必定他身上有许多经验可以借鉴。

（22）现在的博弈论无非是对这种思维方式的总结与发展而已。

例（20）~（22）中的"一定""必定""无非"都表示说话人的主观确定性揣测，与其他类型的语义形成对比，也是整个句子的语义重音。

（二）表不确定的语气副词如"大概、大约、八成、也许、或许、至少、似乎、好像、未必、未尝"等，也可以充当句子的对比焦点。如：

（23）自汉末至晋末文章一部分的变化与药酒的关系，据我所知大概是这样。

（24）她能比得过在激烈的科举中拔尖儿而出的文士吗？也许可以。

（25）美国的心理咨询工作者，至少要获得心理咨询硕士学位，并在相应的专业领域完成规定的实习内容和实习时间。

（26）没有人希望自己贫困，但贫困未必一无是处。

例（23）~（26）中，"大概""也许""至少""未必"都表示不确定，与其他类型（如"表确定"类）的语义形成对比，也是所在句子的语义重音。

（三）表确认的语气副词"是、的确、确实、着实、实在、当然、自然、诚然、固然、分明、明明"等，也大都可以充当句子的对比焦点，与"不确认"等语义形成对比。如：

（27）刘星：你怎么就那么不让我们省心呢你。

　　四眼：我这方面是差点儿，兄弟们多多包涵，多多包涵。

（28）我想起来了，那帮人确实打过一次我们孩子，那还是夏天，很早。

（29）她对你还抱有幻想？真是傻得不能再傻了，你把话说得那么绝，她当然是无法再给你写信。

例（27）~（29）中的语气副词"是""确实""当然"也都是句子的语义重音，它们本身就是对比焦点。

（四）表料悟的语气副词"果然、果真、难怪、怪不得"等，可以充当句子的对比焦点，与"意外"等语义形成对比，它们也都是所在句子的语义重音。如：

（30）我估计他今天回不来，果然没回来。

（31）他们走上前去查看，见那鲈鱼，果真有四片鳃。

（32）整张卷子给人的印象就不是出于一个好学生之手，难怪教授多扣了她的分。

（33）文博士的心落稳了些，怪不得说不过他呢，原来这家伙也有学位！

（五）一些表指令的语气副词如"一定、务必、必须、千万、不妨、无妨、何妨"等，也可以在句中充当对比焦点（处于语义重音的位置），与其他类型的主观态度形成对比。如：

（34）企业管理是一件大事，一定要认真搞好。

（35）这次我们搞活动，务必要请他来。

（36）船长在其职权范围内发布的命令，船员、旅客和其他在船人员都必须执行。

（37）这人五十上下，武功高绝，你遇上他时千万要小心。

（38）自荐是一种大胆的方式，大多数人不敢尝试，但其实成功的概率很高，不妨一试。

（六）常用于否定句的语气副词，可以和否定词一起充当句子的焦点，如"并、决、万万、根本"等：

（39）人们对教育目的的价值取向之所以众说纷纭，并不是偶然的。

（40）这是年初明确规定的首要目标，决不能动摇。

（41）我们万万没想到，中国还有这么一块黄金地。

（42）那时候的妇女根本没有参政的权利。

否定和反问都属于焦点的强化方式，说话人对一个判断加以否定的时候，这个否定判断本身就是焦点。（张伯江、方梅，2001）语气副词和相应的否定词都是句子的语义重音，也是句子的对比焦点。

一些语气副词用于反问句时，也充当反问句的焦点。如"何必、何尝"：

（43）既是兄弟，何必呢？

（44）我这样做何尝不可？

16. 语气副词有触发预设的功能吗?

一、什么是预设?

"预设"本是逻辑学的概念。语言学中的"预设"包括语义预设和语用预设两种,其中语义预设关系句子之间的真值,不受语境制约;语用预设则涉及交际中人的因素和语境因素。这里所说的预设主要指语用预设,即说话人主观上认为交际双方都接受的事实或命题。其中,有的预设是与具体交际相关的事实,有的则是尽人皆知的常识。预设属于背景信息,在交际话语中一般不出现,且一般不能被否定。如:

(1) a. 他是一个好爸爸。

b. 他不是一个好爸爸。

两个句子有相同的预设"他是一个爸爸",b 否定了 a 句命题,但没有否定该句的预设。

一些词语可以引导说话者推导出句子的预设(即触发预设),这些词语就是预设触发语。很多语气副词都具有触发预设的功能,它们的使用总是建立在一定背景信息的基础上,这些背景信息便是所在句子的预设。

二、语气副词触发的预设

(一)预设"某事实或命题为真"

由于语气副词所表达的主观态度和情感都是针对某事实或命题进行的,很多语气副词能够触发"某事实或命题为真"的预设,如表确认、表料悟、表侥幸和表契合的语气副词:

1. 表确认的语气副词用来表示说话人对事实、命题的主观确认，它们所在的句子都预设"某事实或命题是真的"。如：

（2）她对你还抱有幻想？真是傻得不能再傻了。你把话说得那么绝，她<u>当然</u>是无法再给你写信。

例（2）"当然"触发的预设为"'她没再给你写信'这件事是真的"。

2. 表料悟的语气副词用来表示说话人发现了事件的原因，其预设为"发现的原因是真的"。如：

（3）我终于解决了在拉力赛中困扰我四年的问题，为什么我跑完比赛满身都是灰。我一直以为我的车漏灰，<u>原来</u>是因为……我开着窗比赛……。

例（3）"原来"触发的预设为"'我比赛时开着窗'这件事是真的"。

3. 表侥幸的语气副词用来表达说话人的主观侥幸心理，其预设为"值得庆幸的某事是真的"。如：

（4）传说此人一连几夜愁得睡不着觉，连头发也愁白了。<u>幸亏</u>他们遇到了一个好心人，同情他，把他接到自己家里。

例（4）"幸亏"触发的预设为"'他们遇到了好心人'这件事是真的"。

4. 表契合的语气副词用来表示说话人对两件事存在"巧合"的认定，其预设为"两个事实都是真的"。如：

（5）我后来还是不得不狠狠地离开，<u>恰好</u>这时赶上了辞职风，我就辞掉了公职。

例（5）"恰好"触发的预设为"'我要离开'这件事是真的，'有辞职风'这件事也是真的"。

（二）预设"存在某种主观预期"

1. 表料定的语气副词常用来表示事实与说话人的预期相符，其预设为"说话人存在某种主观预期"。如：

（6）这条转基因小鱼由于机体内含有人的生长激素，<u>果真</u>生长速度快。

例（6）"果真"触发的预设为"说话人有'含有人的生长激素的小鱼生长速度快'的预期"。

2. 表意外的语气副词常用来表示事实与说话人的预期相反，其预设也是"说话人存在某种主观预期"。如：

（7）此人大学毕业，本人虽是资本家，倒没那么多铜臭气，相反，挺有风度。

（8）女人，比起我来，反倒没有我细心。

例（7）"倒"触发的预设是"说话人有'资本家的铜臭气比较多'的预期"，例（8）"反倒"触发的预设为"说话人有'女人比较细心'的预期"，两种预期都是说话人根据常识得出的。

（三）其他类型的预设

1. 表归结的语气副词所在的语境中包含着"'某事件经过了很长时间或经过了很多努力'是真的"的预设。如：

（9）安娜3岁时，母亲终于生下盼望经年的弟弟，父亲家族的一脉香烟总算有了传人。

例（9）"终于"触发的预设是"'母亲生下弟弟经过了很长时间和很多努力'是真的"，"总算"触发的预设为"'该家族希望有传人并经过了很长时间和很多努力'是真的"。

2. 表辩驳的语气副词"并"触发的预设是"存在某种已有的观点"，说话人的"辩驳"是针对该观点进行的。如：

（10）众所周知，现在一个大学毕业生，即使是一本大学毕业的，找工作也并不简单，其他的就更不用说了。

例（10）中的"并"触发的预设为"存在一种'大学生找工作比较简单'的看法"。

辩驳类的"还"也常触发常识性预设。如：

（11）小车还通不过呢，别说大车了。

（12）还知识分子呢！怎么出口伤人！

例（11）的常识性预设为"大车比小车难通过"，例（12）的常识性预设为"知识分子不会出口伤人"。

3. 表示被动选择的意愿类语气副词，以"存在某种困难"为预设，该预设也可以出现在句中。如：

（13）到了村头，路就更泥泞了，走一步鞋子就被拔掉一次。我的鞋被拔得脱帮，<u>只好提着鞋光着脚丫走</u>。

例（13）"只好"触发的预设为"'穿着鞋走路有困难'是真的"。

4. 探究类语气副词如"毕竟"在引出原因时，也可以触发常识性预设。如：

（14）董先生是受父亲之托来这里找自己的。长发想到这里，心头泛起一点儿温暖的浪花，<u>毕竟</u>是父亲啊，那么多年隔绝两地，还记得自己唯一的儿子呢。

例（14）中，"毕竟"触发常识性预设"父亲都爱自己的孩子"。

需要说明的是，并非所有的语气副词在使用中都能触发某种预设。上述语气副词一般也只在处于主语前后位置时才可以触发相应的预设，它们单用和做谓语等情况不包括在内。

17. 语气副词有语篇衔接功能吗？

语篇是由一个一个的句子构成的。一个连贯的语篇，各个句子之间除了要有语义和逻辑上的关联之外，还应当有一定数量的衔接成分。在汉语中，充当衔接成分的有连词、代词、插入语，此外还有很多副词，包括不少语气副词。语言事实表明，语气副词在语篇中常位于小句句首或段落开头的位置（或单独使用），它们除了表达与命题相关的主观情感和态度之外，还表现出一定的衔接功能。

一、语篇衔接功能的具体表现

语气副词的语篇衔接功能大致分为两种：一是以语义为基础将前后句子关联起来，组成一个句群。如：

（1）在一般人眼里，甲骨文、金文、陶文等古文字都是"天书"，就是不少专攻史学的，也视为畏途。<u>难怪</u>有人曾说，搞古文字的"若射覆然"。<u>当然</u>，把古文字研究视如猜谜和押宝，这是出于无知的诳话。<u>实际上</u>，它同样是有规律可循的。

例（1）是一个讨论"古文字研究"的句群。第一句语义为"古文字研究很难"，这正是第二句"有人曾说搞古文字'若射覆然'"的原因；第三句语义有所转折，"认为古文字研究和猜谜、押宝一样是无知的"；第四句又是对前文语义的转折，"虽然很难，但是有规律可循"。其中，语气副词"难怪""当然"和"实际上"对上下文句子都有衔接作用。

二是以语义为基础衔接相邻的段落，从而组成更大的语篇。如：

（2）吃红薯，不用菜，既省菜钱又省工，因而一日三餐母亲都是煲红薯给我们吃。红薯吃多了，便厌便腻，母亲便变个新花样，把红薯焖给我们吃，把红薯烤给我们吃。尽管变了花样，但还是吃红薯，还是厌。直到七十年代末，生活有所改善，我们便开始停吃红薯。

<u>其实</u>，红薯具有很高的营养价值。它含的淀粉相当高。据中医介绍，红薯还具有一定的药用价值：生津止渴，清热解暑，滑肠助消化。常吃红薯有美颜之功用。难怪故乡人个个红光满面、身强力壮了。

例（2）第一段主要讲"有关红薯的记忆——久吃而生厌"，属于对红薯的负面印象；第二段转换话题讲"红薯的营养价值"，属于对红薯的正面介绍。"其实"作为表意外的语气副词，从负面引出正面，很自然地将两段衔接在一起。

二、语篇衔接的语义类型

张谊生（1996）考察了副词在篇章中的 6 种 22 类连接功能，其中常见的语气副词有"终于、终归、总归、终究、当然、自然、难怪、怪不得、也许、或许、大概、大约、其实、实际上、的确、确实、诚然、原来、本来、果然、果真、偏偏、却、倒、反而、反倒、倒是、只好、只得、幸亏、幸好、幸而、至少、至多、反正"等。根据张谊生（1996）的分析，副词在篇章中的连接功能主要表现为句与句之间语义上的内在联系，在句法层面，副词可以位于开头，也可以位于语句和段落的中间。以张谊生（1996）为参考，下面我们具体介绍语气副词在语篇衔接中的语义类型。

（一）表示终止和归结

表归结义的语气副词"终于、总算、终归、总归、终究"等，在语篇中引出终止和归结义。如：

（3）媳妇从早忙到晚，粽子包好了，慢慢煮，慢慢煮，终于快要煮熟了，却听到婆婆打电话给小姑："女儿啊，你赶快来，我叫媳妇包了粽子，你快回来吃。"

（4）我不是说春茗茶楼不好，我是说你在那里即便做得再好，终究也只能跑堂儿，给客人端茶送点心，终究不是久计。

（二）表示推论

语气副词可以衔接具有推论关系的上下文，包括总结性推论、理解性推论和估测性推论。

1. 总结性推论，如表确认的"自然、当然"和表确定的"无非"等：

（5）吴三代把他的40亩地租出去，自己到我们家来过半个主子的生活，他是有功之臣的后人，自然要享受特别待遇，当然他是不会做重活的，也就在院里各处关照关照罢了。

（6）现在咱们叫惯了《红楼梦》，红学也都这么叫，当然无妨，无非是符号的问题，但是应该知道，古本《红楼梦》应该是叫《石头记》。

2. 理解性推论，如表料悟的"难怪、怪不得"等：

（7）他敢大胆地负起责任，制止对方的阴谋。难怪上级从此看重他，对他委以重任。

（8）经济不行，也没有强大的军队，怪不得连一个小国都打不过。

3. 估测性推论，如表不确定的"也许、或许、或者、恐怕、大概、大约、八成、至少、至多、莫非、似乎、好像、难道、未必"等：

（9）女人像一架钢琴，如果是一个普通人来弹，也许会奏出一条流行曲；要是碰上了不会弹琴的人，恐怕就不成歌了。

（10）看中书名而买下这本书的人，大概不会把书读完，或许还会大叫上当而当废纸卖了它去。

（11）他高高的、壮壮的，瞧上去憨厚老实。难道，他也去干家政？当男保姆？他回头冲我笑笑："怎么，不相信呀？"

（三）表示转折

语气副词在语篇中引出的"转折"包括以下四种：

1. 对立式转折，如表意外的"却、倒、倒是、反而、反倒"等：

（12）在国际谈判中，有不少人坚持自身拥有民族自决的权力，却不承认对方也有同样的权力，结果，反倒败坏了民族自决这一原则的名声。

（13）"刚开始，我的心态是一分都不想输，所以打得比较急。第二局落后的时候，我本来以为得打第三局了，"他说，"但是后来我调整好了心态，把节奏放稳，反而逐渐越打越顺手，倒是对手显得急躁了。"

2. 补充性转折，如表意外的"其实"、表确认的"当然"等：

（14）新托马斯教育在教育的根本和终极目的上，也坚持其不变性和永恒性。其实，即便是永恒主义者，也并不否认人性变化的一面。

（15）语言强化、自我估计和自己给指示语，都说明了词的重要作用，当然，更重要的还是被试参与了实践活动。

3. 无奈性转折，如表意愿的"只好、只得"等：

（16）真相如何，已经没有完整的记载了，只好从散见于别人著作的零星材料中抽绎出来。

（17）公安机关对于外来无户籍的人应当及时遣还，这样，躲债外逃者无处立身，只得返乡还债。

4. 意外性转折，如表意外的"竟、偏、偏偏、居然、竟然、实际上"等：

（18）中午匆匆吃过午饭，大家又马不停蹄地干着，偏偏天公不作美，天色渐渐暗了下来，凛冽的寒风，打着尖厉的呼啸，夹裹着纷纷扬扬的雪花，扑向正在挖泥排水的战士。

（19）宋代也有三省，实际上只有中书省在皇宫里，门下、尚书两省都移在皇宫外面了，故亦只有中书省单独取旨，称"政事堂"。

（四）表示解说

语气副词在语篇中进行的"解说"可以分为三种：否定性解说、确认性解说和补正性解说。

1. 否定性解说，如表意外的"其实、实际上"等：

（20）我们称它为"道"，<u>其实</u>"道"根本不是名。

（21）《史记》中没有说他是哪国人，关于他的生平也说得很少，<u>实际上</u>等于没有说。

2. 确认性解说，如表确认的"的确、确实、诚然"等：

（22）直到那时，他母亲和我才真正明白，他跟我们在一起的时间已经过去。现在，我们已把他的行李搬上汽车，<u>的确</u>，这是他该走的时候了。

（23）企业破产，工人失业，这是破产给社会造成的负效应，失业工人的再就业及待业期间的生活问题，<u>确实</u>是需要解决的大问题。

（24）别人的孩子<u>诚然</u>不同于自己的孩子，自己再生一个又岂能填补你留下的空缺？

例（22）～（24）中的"的确""确实"和"诚然"都表确认，但"诚然"句的下文常包含转折义，如例（24）中"又岂能……"引出的反问句，就是对前句语义的转折。

3. 补正性解说，如表料悟的"果然、原来"、表强调的"本来"和表探究的"毕竟、到底"等：

（25）他自信这件事他一开口说就准会成的。<u>果然</u>，楚长顺答应得挺干脆。

（26）"第二局落后的时候，我<u>本来</u>以为得打第三局了，"他说，"但是后来我调整好了心态，把节奏放稳，反而逐渐越打越顺手，倒是对手显得急躁了。"

（27）第二次走进他的书房，我的心情比上一次轻松不少。<u>毕竟</u>已经打过一次交道，他还把我对他的访谈收入到一本文集中，想必对我的印象不算太坏。

（28）裁判果断地喊了一声"开始"，只见两人闪电般地用拳出击，直拳、摆拳、勾拳变换着进攻，如急风暴雨。<u>到底</u>是高手，双方打得难分难解，不分高低。

（五）表示条件

语气副词在语篇中可以引出三种与"条件"相关的下文：有利条件、限定条件和无条件。

1. 有利条件，如表侥幸的"幸亏、幸而、幸好、好在"等：

（29）传说此人一连几夜愁得睡不着觉，连头发也愁白了。<u>幸亏</u>他们遇到了一个好心人，同情他，把他接到自己家里。

（30）到了惠州地面上时，一家人就没了钱粮，只好靠李云经沿路打工度日。<u>好在</u>那时的李云经尚有体力，他可以随时给当地人拉车、装柴草、搬家或者修房子。

2. 限定条件，如表不确定的"至少、至多"等：

（31）美国的心理咨询工作者，<u>至少</u>要获得心理咨询硕士学位，并在相应的专业领域完成规定的实习内容和实习时间。

（32）公司常务委员会每届任期两年，可连选连任，<u>至多</u>连任两届。

3. 无条件，如表强调的"反正、好歹"等：

（33）我们在采访的时候，她一会儿盘腿而坐，一会儿把脚搭在椅背上，<u>反正</u>怎么舒服怎么坐。

（34）文化层次较低或能力不够强的父母还会在子女面前感到自卑，认为孩子有文化、翅膀硬了，<u>好歹</u>随他去罢。

18. 语气副词有人际交互功能吗？

一、什么是"人际交互功能"

前文提到，语言作为人们交际的工具，具有一定的主观性。在人际交往时，它还表现出交互主观性。所谓交互主观性，指的是说话人用明确的语言形式表达对听话者"自我"的关注,这种关注可以体现在认识意义上,但更多体现在社会意义上,即关注听话人的"面子"或"形象需要"。(吴福祥,2004)通俗地讲,就是与人交谈时要照顾对方的感受,要给对方"留面子"。能够帮助说话人实现这种目的的语言形式具有交互主观性,这种语用功能也称为"人际交互功能"。

二、语气副词的人际交互功能

语气副词是用来表达说话人主观态度或情感认识的词,常见于主观性和互动性程度较高的文体中,对话语境便是其中之一。① 在对话语境中,语气副词表现出不同类型的人际交互功能。

(一)委婉表达自己观点

1.不确定类语气副词"也许、或许、或者、恐怕、大概、八成"等在与第一人称共现时,委婉表达主观可能性。一方面给自己留有余地,另一方面也避免了言语带给听话人的生硬感。如:

(1)志国:(念信)"关于本人不再接受任何领导职务聘任的请求报告"……
　　　　　爸您这是?
　　傅老:(摆弄着桌上圆圆的糖盒)这个嘛,昨天我考虑了一整夜,我这
　　　　　个年纪,这个精力,这个脑筋,<u>恐怕</u>不适宜担任过于繁重的工作
　　　　　啦。你们年轻人应该多干一点儿嘛,我们老同志给把把关,出出
　　　　　主意,当当顾问,也就可以啦!真要把我们推到第一线去,<u>恐怕</u>
　　　　　效果也会适得其反……(边说边剥开一块糖)……我还是安安稳
　　　　　稳,在家里享享天伦之乐吧!(笑着将糖块放入口中,嚼着糖,
　　　　　脸上的笑容凝固了)

例(1)中傅老表面上是在"拒绝领导职务聘任",但从下文的"笑容凝固了"可以看出他内心是不情愿的,因此句中连续使用了两个"恐怕",实际是给

---

① 对话语境还包括一些演讲、讲座类文体,本节也有所涉及。研究发现,语气副词几乎不出现在法律法规等主观性较低的文体中。

自己留有余地。一般来说，人们对语气委婉的话语的接受度也会更高。

在与非第一人称共现时，不确定类语气副词委婉表达说话人的揣测，给自己和听话人都留有余地。如：

（2）（吴老和傅老在练唱歌，吴老唱了好几句，傅老唱不出来）

吴老：您大概是好久没唱这个歌了吧，调不合适吧？不高吧？

傅老：啊，不高不高，我还嫌低呢，我就是考虑这个调调啊怎么有点儿……

（3）（圆圆因为追星成绩下降，志国表示担心）

志国：（起身，向和平）他大概就是因为没好好学习，到现在只能靠卖唱为生了，是不是？

圆圆：据我所知，他是在英国念的大学。（志国、和平面面相觑）

例（2）中吴老没有直接指出傅老唱得不好，而是使用表示猜测的"大概"委婉表示了他的观点，给傅老留了面子；例（3）志国不了解圆圆的偶像，想要表达"追星影响学习"的担心，又不好说得太绝对，于是使用了"大概"来表示不确定性猜测，给自己和对方都留了余地。

2. 委婉义语气副词"也、未免、不免"等也是委婉表达说话人观点，给自己留有余地，给对方留面子。如：

（4）（傅老一家猜测小桂在跟谁恋爱）

傅老：……小桂认识的符合这个条件的，只有一个人。

和平：嗯？谁呀？

傅老：对门儿的老郑。

和平：不可能，这也太不般配了吧？

傅老：就是嘛，小桂自己也承认，还说什么要破除门户之见，还要敢于向传统的偏见挑战。

和平：爸，您这怀疑也太出圈了吧？

（5）秀姑道："不过是金刚经心经罢了。上次老师父送一本莲华经给我，我就看不懂；而且家父说：年轻的人看佛经，未免消磨志气，有点儿反对，我也就不勉强了。樊先生是反对学佛的吧？"家树摇着头道："不！我也愿意学佛。"秀姑道："樊先生前程远大，为了一点儿小小不如意的事，就要学佛，未免不值。"

例（4）中和平不认同傅老的意见，但傅老是长辈，所以她两个句子都使用"也太……了吧"委婉表达了自己的消极评价。例（5）中秀姑也是照顾到听话人的感受，才使用了两个"未免"委婉表达了对"年轻人看佛经"和"学佛"的消极看法。

（二）认同对方观点

表确认的语气副词如"的确、确实"等，通过表达对对方观点的认同来推动话语的进行。如：

（6）编辑：大会组织者采取直接宣布一份事先拟定的名单这样一种方式，是不是出乎许多人的意料？

记者：<u>的确</u>是这样。不仅采访大会的记者，就连与会代表甚至主办者对这一结局都感到意外。

（7）（老王说老孟曾在教室黑板上写过别人的坏话）

老孟：哎，我想起来了，<u>确实</u>是我写的呀，我趁人不备，我拿起了粉笔，我偷偷地写在了黑板上，……哎，我写的什么来着？

例（6）、例（7）中的"的确"和"确实"句都表示对对方观点的认同，这种认同对交际的顺利进行是有利的。

（三）提出不同观点

表意外的语气副词"其实、实际上"可以引出含有转折义的下文，在人际交往中用来表达不同意见，提出与对方不同的观点。如：

（8）（和平怀疑自己快死了，想给志国续弦）

和平：——你说句老实话，你以前想过燕红没有？

志国：她是志新的同学，我比她大着十二岁三个月零八天呢……

和平：瞅瞅，还是想过吧？<u>其实</u>这年头大个十来岁也不算什么，燕红早说啦，她和志新那是根本没戏，她就想找个忠厚老实的，踏踏实实在一块儿过日子。我瞅你这条件正合适。

(9)（掌柜要招新跑堂儿的）

莫小贝：……当初小郭姐姐走了一个多月，我嫂子也没有说要招一个新杂役吧？

郭芙蓉：嗯？哎，掌柜的对我还不错嘛，呵呵……

莫小贝：嗯！

郭芙蓉：……这……只是表面现象，哼……实际上她是想省钱。

例（8）中志国表示自己和燕红年龄不合适，和平用"其实"委婉提出"大个十来岁也没什么"。例（9）郭芙蓉则用"实际上"直接给出"掌柜不招新杂役是想省钱"的观点。

（四）反驳对方观点

表辩驳的语气副词如"并"等，在人际交往中用来反驳对方的观点。如：

(10)燕红：把他交给你，我也该放心了。说实话，看着你们俩这么美满、这么般配，我这份儿高兴！志新，只要你得到了幸福，我也就幸福了……

晶晶：（扶住燕红的双肩）不！我和他并不般配。

例（10）中，"我和他并不般配"是用来直接反驳对方观点的，"并"起到了加强反驳语气的作用。

（五）委婉表示感谢

当听话人的行为是说话人产生"侥幸"感的原因时，"侥幸"类语气副词可以委婉表达对对方的感谢。如：

(11)佟湘玉：（提裙子下楼）伙计们呀伙计们，昨天晚上可真够悬的，这一步走错，就有可能出人命。

吕秀才：可不是嘛——（郭芙蓉拿扫帚点地，吕秀才立马改口）我早说了有芙蓉在，大家都别担心。

白展堂：我同意，（指郭芙蓉）昨天幸亏有你。

郭芙蓉：你们放心，我会好好保护大家的。

例（11）中"幸亏有你"委婉地向小郭表示了感谢。

（六）表示建议和劝说

表指令的语气副词如"不妨、千万"等，可以表达对听话人的建议和劝说。如：

（12）佟湘玉：……这些天俺们的为人你也看到咧，有啥难言之隐，你<u>不妨</u>直说，俺们一定会替你保守秘密的，我发誓。（和郭一起举掌）

展侍卫：好吧。……

（13）傅老：我忙了一辈子操心受累，到老了不让我清静，三天两头儿地给我找事儿，……

秀芳：老人家，你可<u>千万</u>要想开呀，儿孙自有儿孙福，莫给儿孙做马牛……

例（12）中的"不妨"用来表示建议，例（13）中的"千万"加强了劝说的语气。

（七）委婉表达期望

语气副词"可"常用在对话语境中关照听话人/说话人之间的主观期望，突显[＋预期]（张旺熹、李慧敏，2009），委婉表达说话人的期望。如例（13）"你可千万要想开"中的"可"便表达了说话人对听话人"千万要想开"的期望。再如：

（14）（傅老让大家交钱）

志国：……爸，您要这么多钱干什么？

傅老：当然是取之于民、用之于民啦！我准备加快咱家基本建设的步伐，为提前进入小康做好充分的准备。

和平：是不是想把咱家的彩电换成"画王"？我早就说过嘛……

志新：您要是倒股票的话我在上海、深圳都有熟人……

志国：我<u>可</u>有好几年没添过衣服了……

例（14）中，和平和志新都是直接向傅老提出花钱建议，但志国想给自己"添置新衣"，又不好意思直接说，因此用"可"委婉表达了愿望。

19. 语气副词可以表达哪些语气?

一般认为,"语气"包括陈述、疑问、祈使、感叹四种语法范畴,句类就是依据语气对句子进行的分类。齐沪扬(2002)将"语气"系统分为功能语气和意志语气,认为陈述语气、疑问语气、祈使语气、感叹语气属于功能语气,其依据是"说话人使用句子要达到的交际目的"。而意志语气则是以"表示说话人对说话内容的态度或情感"为依据划分出来的类别,包括可能语气、能愿语气、允许语气、料悟语气四种。其中,语气副词能表达所有的功能语气和除能愿语气(主要由"能力""意愿"类助动词来表达)之外的其他三种意志语气。此外,我们认为语气副词还可以表示意外、意愿、侥幸等语气,它们也应属于意志语气类型。下面进行具体说明。

一、功能语气

(一) 陈述语气

除了表反诘、指令和感叹的语气副词之外,其他语气副词都常见于陈述句,表达或加强陈述语气。具体而言,陈述语气又包括肯定和否定两种。大多数语气副词既可用于肯定句,也可用于否定句。少数语气副词只能用于或常见于否定句,如"又、并、决、万万、根本"等:

(1)这种事你<u>又</u>不是不知道,是违反财经纪律的。
(2)人们对教育目的的价值取向之所以众说纷纭,<u>并</u>不是偶然的。
(3)这是年初明确规定的首要目标,<u>决</u>不能动摇。
(4)我们<u>万万</u>没想到,中国还有这么一块黄金地。
(5)旧中国妇女<u>根本</u>没有参政的权利。

（二）疑问语气

疑问语气包括询问和反问。表不确定的语气副词如"莫非、难道"常用来表达带有估测义的询问语气：

（6）怎么到现在还见不到妈妈？<u>莫非</u>是她老人家生气了？

（7）他高高的、壮壮的，瞧上去憨厚老实。<u>难道</u>，他也去干家政？当男保姆？

语气副词如"到底、究竟"等表示探求、追问，能够加强询问的语气：

（8）这封信<u>到底</u>写了些什么呢？

（9）汉藏语系<u>究竟</u>可以分为几个语族和语言？

表反诘的语气副词如"岂、难道、何必、何尝、何不"等，常用于反问句：

（10）不光剧组省事，自己也可以从中捞点儿好处，<u>岂</u>不是一举两得的好事？

（11）人对自然界讲道德，<u>难道</u>自然界也有道德地位吗？

（12）既是兄弟，<u>何必</u>分得那么清楚？

（13）好女婿要胜于好儿子，好媳妇又<u>何尝</u>不可成为好女儿呢？

（14）与中国并无妨碍，中国<u>何不</u>做个顺水人情？

（三）祈使语气

具体而言，祈使语气又可细分为请求、命令、劝阻、建议等类型。表指令的语气副词如"千万、务必、万万、不妨、无妨、尽管"等，可以用来加强祈使语气：

（15）尽管影视剧中经常会出现这样的镜头，但你<u>千万</u>不要效仿。

（16）请你们<u>务必</u>不要忘记这一点。

（17）搞好防汛预案工作，<u>万万</u>不可掉以轻心。

（18）大家都爱吃，你<u>不妨</u>也尝一尝。

（19）如果房屋内没有私家居住，而其中有你们自己的财物，你们<u>无妨</u>进去。

（20）有什么困难你<u>尽管</u>说，大家会帮你的。

（四）感叹语气

感叹语气也可分为惊讶、醒悟、愤怒等类型。表感叹的语气副词如"好、真、多、可、简直"等，本身就包含了较高的程度义，常用来表达感叹语气：

（21）今夜的月色<u>好</u>美！

（22）那盆鲜花<u>真</u>漂亮！

（23）我又要外面，又要里面，你知道我<u>多</u>辛苦！

（24）这玩意儿<u>可</u>好吃了！

（25）这<u>简直</u>是开玩笑！您是我师父啊！

一些表意外和强调的语气副词也可表达感叹语气。如：

（26）一个月我<u>居然</u>挣了两千多！

（27）我们俩的事，别人怎么会知道呢？<u>根本</u>不是那么回事嘛！

二、意志语气

（一）可能语气

"不确定"本身就是一种可能语气，此类语气副词有"大概、大约、也许、或许、似乎"等：

（28）汉字<u>大概</u>在商代后期就已经形成为能完整地记录汉语的文字体系。

（29）到1917年2月前夕，俄罗斯<u>大约</u>有50万的中国人。

（30）在人心之中有这样的一种信仰，<u>也许</u>是有用的，因此墨子需要它。

（31）人们<u>或许</u>说中国人缺乏民族主义，但是我认为这正是要害。

（32）每天晚自习，早自习，这<u>似乎</u>已经是家常便饭。

表确定的语气副词如"准、定、一定、必定、无非"等，本质上也表达说话人的揣测，也属于可能语气：

（33）我伯父年纪老了，这回<u>准</u>不行了。

（34）她会费尽唇舌地说服你，只要交上你的积蓄，你那"问题"皮肤<u>定</u>能得到轻松转变。

（35）任何一个组织的存在，<u>一定</u>有其目的性，否则组织就不会存续。

（36）这种情况<u>必定</u>影响许多人。

（37）现在的博弈论<u>无非</u>是对这种思维方式的总结与发展而已。

（二）允许语气

允许语气包括许可语气和必要语气，语气副词只表达必要语气，如"必须、务必、一定"等：

（38）研究历史者<u>必须</u>从原料下手。

（39）孕妇<u>务必</u>亲近绿色食品。

（40）<u>一定</u>要适应广大农民发展生产、劳动致富、渴望人才的要求。

（三）料悟语气

料悟语气包括料定和醒悟语气。表料悟的语气副词可以分别表达这两种语气，表示料定的有"果然、果真"等：

（41）我估计他今天回不来，<u>果然</u>没回来。

（42）当时到了香港，对我来讲确实是如鱼得水，<u>果真</u>很快打下了基础。

表示醒悟的有"难怪、怪不得、原来"等：

（43）整张卷子给人的印象就不是出于一个好学生之手，<u>难怪</u>教授多扣了她的分。

（44）<u>怪不得</u>你那么爱听京戏，<u>原来</u>你是"四大名旦"之一呀！

（四）意外语气

表意外的语气副词如"却、倒、偏、竟、竟然、居然、偏偏、反而、反倒、其实、实际上"等，都可以表达意外语气：

（45）这样教学费时较多，收效<u>却</u>不明显。

（46）这家伙真是黑，<u>竟然</u>拿出那么多的钱行贿。

（47）可悲的是，掉下水的<u>偏偏</u>没学过游泳。

（48）你不说我还容易了解，给你这一讲我<u>反而</u>搞糊涂了。

（49）在我国古代，学校<u>实际上</u>是培养官吏的地方，学生学习的主要是为官从政的本领。

（五）意愿语气

意愿语气包括愿意和无奈两种：愿意是主动选择，无奈是被动选择。表意愿的语气副词中，表示主动选择的有"宁可、宁肯、宁愿、非得、干脆、索性"等：

（50）有人<u>宁愿</u>进监狱也要说真话、<u>宁愿</u>得罪绝大多数同胞也不愿意说谎。

（51）他<u>非得</u>把这些报纸弄到手不可。

（52）如果已知道无利可图，他们<u>干脆</u>就不去做，免得白费劲。

表示被动选择的有"只得、只好"等：

（53）众命难违，我<u>只得</u>答应下来，做了乐队的主唱。

（54）由于不明白其中的道理，<u>只好</u>一个个死记。

（六）侥幸语气

表侥幸的语气副词如"幸亏、幸而、幸好、好在"等，常用来表达侥幸语气：

（55）眼看着城墙要被他们撞塌了，<u>幸亏</u>援军及时赶到，俺才喘过一口气来。

（56）这种肺炎目前还没有特效药可治，<u>幸好</u>不是致命的病，只会出现发烧、流鼻水的症状，很快就能治愈。

（57）我知道的就回答你。不知道的，再去查资料，<u>好在</u>我这里比较方便。

20. 语气副词与其他副词的连用顺序是怎样的？

对于母语使用者而言，不同类别的副词连用时具有大致固定的排列顺序。但对于第二语言学习者来说，当需要同时使用几个副词时，难免会对其连用顺序产生困惑。不同类型的副词连用是一个比较复杂的问题，根据张谊生（1996），各类副词的连用大致遵循以下常规语序[①]：语气副词＞关联副词＞时间副词＞频率副词＞范围副词＞程度副词＞否定副词＞协同副词＞重复副词＞情状副词。

这里我们主要介绍语气副词和其他副词连用时的顺序问题。"连用"指的是语气副词和其他副词在状语位置上的连续使用，包括中间出现停顿和没有停顿两种情况。从各类副词的常规语序可以看出，语气副词在和其他类别的副词连用时一般都是位于最前列。这与语气副词的表意功能和句法特征密切相关：在副词的各个小类中，语气副词的主观性最强，常用来对整个句子的命题义进行评价。这些特点决定了语气副词通常不再充当句中谓语的限制或修饰成分，而是常处于句子的最外层。我们通过以下例句来具体说明。

1. 与关联副词连用

（1）后来有人想起有幢房子闹过鬼，倒是又空闲又宽敞。

（2）只要那些人一动，老狮子和那姓高的恐怕就被剁成肉酱。

（3）他们提供的米饭不但是"熟"的，而且味道居然还不错。

2. 与时间副词连用

（4）我已无法控制自己，脑袋简直就要爆炸。

（5）我这一错，竟然一直错了下来。

（6）但是您的儿子已经开始新的生活道路，他也许永远不会回来了。

3. 与频率副词连用

（7）父亲当然偶尔也有清醒的时候，却从未问她为什么去得那么久。

（8）调查中，记者了解到，被告人的确经常跟人起冲突，是村里有名的"刺儿头"。

（9）这里不但没有融入我们的历史、我们的经验，反倒常常与我们"固有的"文化价值相悖。

[①] 本书语气副词大致对应张谊生（1996）的"评注性副词"，情状副词对应其"描摹性副词"。

4. 与范围副词连用

（10）众人惊悸不已，<u>幸好</u>都是秃头的和尚，否则真会毛发直立呢。

（11）我们不能够说这里所讲的不是事实，只是这种讲法<u>终究</u>有些偏颇。

（12）屋子里摆着大大小小、各式各样的酒坛子，看来<u>居然</u>全都是好酒。

5. 与程度副词连用

（13）他力大招猛，武功<u>果然</u>十分了得。

（14）所谓历史乐观主义<u>恰恰</u>最无历史感。

（15）随着年龄渐长，思念非但没有淡去，<u>反而</u>愈加浓烈，灼烤着曾开宜的心灵。

6. 与否定副词连用

（16）可悲的是，掉下水的<u>偏偏</u>没学过游泳。

（17）打仗他们向来很勇猛，<u>千万</u>别小看他们。

（18）在这样的状态下，要实现各级各类教育协调发展是<u>根本</u>不可能的。

7. 与协同副词连用

（19）他们<u>宁可</u>一起度过余生，也不愿冒险分开。

（20）二人拒绝分开，又不能过分勉强，<u>只好</u>一块儿谈。

（21）他们俩都摸准了二姑娘的脾气，不光没有劝，<u>反倒</u>一齐张开大嘴，冲着二姑娘哈哈哈地大笑起来。

8. 与重复副词连用

（22）首先，<u>不妨</u>重新评估一下数量多少的问题。

（23）她知道总有一天，我脑中的记忆会渐渐褪色。也因此，她<u>非得</u>一再叮咛不可。

（24）我无话可说，<u>只好</u>再三谢他，并且不好意思地说我永远欠他一笔人情债，然后挂上电话。

9. 与情状副词连用

（25）请你们大胆治疗，我<u>一定</u>全力配合。

（26）她既不能发作，又不能出声喝止丈夫，<u>只得</u>悄悄躲进自己房里饮泣吞声。

（27）今年 5 月，他竟然擅自宣布结束自己的职业生涯。

从例（1）～（27）可以看出，语气副词和其他九个类别的副词连用时，基本都是语气副词在前。

当然，只要语义允许，语气副词还可以同时和多个其他类别的副词连用。此时，语气副词也是位于最前列。如：

（28）肩上那个伤，居然一直都未曾愈合。

（29）他瘦了，不过其他各方面倒都还挺不错。

有时，两个或两个以上的语气副词也可以连用，其语序也与语义虚化程度有关。如：

（30）各种学术的成果，恐怕终究离不开一个"用"字。

（31）有些甜言蜜语或客气话，说得过火，我们就认为是假话，其实说话人也许倒并不缺少爱慕与尊敬。

第四部分　个案偏误与易混词辨析

21. "我恐怕会下雨"为什么不能说?

"恐怕"语义上具有不确定性,常用来表示说话人的担心或猜测。但学生只知道这一点是不够的,还可能出现如下偏误:

（1）A：明天的天气怎么样?

　　B：*我恐怕会下雨。

　　C：*恐怕是个好天气。

例（1）中,作为答句的B和C都是不对的。

此外,因为"恐怕"包含语素"怕",且"恐"有"怕"的意思,留学生很容易将它误用为动词或形容词,出现如下偏误:

（2）*我恐怕出去买东西或者去哪儿。

（3）*我知道家里不论发生什么事情,您都不告诉我,恐怕会影响我的学习。

（4）*这是多么恐怕的事呢?

例（2）的"恐怕"应为"害怕",例（3）的"恐怕"应为"担心",例（4）的"恐怕"应为"可怕"。例（2）、例（3）都将"恐怕"误用为了动词,例（4）则是将"恐怕"误用为了形容词。

那么,在教学生使用"恐怕"时,应注意哪些方面呢?

一、"恐怕"表示谁的揣测?

"恐怕"表示说话人自己的不确定性揣测,它在句中的语义一般也都是后指,且大多情况下说话人在句中是不能出现的。例（1）的答句B删除主语"我"之后,"恐怕会下雨"就是合法的,它表示"说话人觉得会下雨",但主语位置却不能有"我"。这是教学中应特别注意的地方。

在句法上,"恐怕"可以比较自由地出现在主语前和主语后,都表示说话人自己的揣测。如:

(5) a. 这样真的能达到很好的效果吗?恐怕大家心里仍然很不舒服。

b. 这样真的能达到很好的效果吗?大家心里恐怕仍然很不舒服。

语气副词在主语之前时,其语义辖域为包括主语在内的小句;在主语之后时,其辖域为句子的谓语部分。"恐怕"用在主语前后也是如此,例(5)a句的新信息是"大家心里仍然很不舒服",例(5)b句的新信息为"仍然很不舒服"。无论哪种位置,"恐怕"句都表示说话人的揣测,而不是句子主语"大家"的揣测。

二、"恐怕"句的情感色彩

受"怕"语义的影响,"恐怕"所在的句子常包含消极义,或附带消极情感。在句中表现为后附成分常常附带否定义,或仅带有消极语义色彩。

(一)"恐怕"+否定义成分

否定义成分包括否定词"不""没(有)"及"V不C(C为补语)"结构等。如:

(6) 巴黎人干别的事恐怕不行,但跟搞艺术沾边的,他们便有极高的天赋。

(7) 少数知己也不知道他有大才能,恐怕连他自己也不知道。

(8) 在今天要想确定许慎或创立六书者的原意,恐怕是不可能的。

(9) 诗人总是善于想象,事实上做这些事恐怕没有那么好玩儿。

(10) 扩版与广告扩大并没有直接关系,恐怕扩版办不好,还会丢广告。

(11) 他意识到箭矢上可能有毒。心里想,若不及时解毒,恐怕活不了三天。

例(6)~(8)都包含否定词"不",例(9)包含否定词"没有",例(10)、例(11)的"办不好""活不了"都是"V不C"结构。

（二）"恐怕" + 消极语义

除了否定义成分之外，"恐怕"还常附带消极义词语或短语。如：

（12）要想从零售业中大赚一把恐怕很难。

（13）这样的天气想看到流星雨，恐怕有困难。

（14）演出者的心理负荷恐怕十分沉重，这从团长的憔悴面容上可以一见。

（15）您没记错吧！那天夜里下雨，天很黑，恐怕您看差了。

（16）假如你的投资之路到此结束，比持有到今天其收益恐怕相差十万八千里。

例（12）～（16）中，"很难""有困难""十分沉重""看差了""相差十万八千里"本身都带有消极语义色彩。

有时候消极义是语境带来的。如：

（17）如果不是我们提前把比赛转播权都买下来了，恐怕价格得上涨好几倍，因为好多地方台都在打这个主意。

（18）恶劣的情绪影响消化功能的事实，恐怕好多人都有亲身体验。

在例（17）中，"价格得上涨好几倍"是一种可能出现的情况，是说话人不希望发生的，因此具有了消极感情色彩。例（18）所述话题为"恶劣情绪影响消化功能"，这是一种不好的体验，"好多人都有亲身体验"也因此具有了一定的消极色彩。

（三）"恐怕" + 非消极义

值得注意的是，"恐怕"并不必然表达消极语义，有时仅表示一种委婉语气。如：

（19）真理标准问题，结合实际来讨论，恐怕效果好一点儿，免得搞形式主义。

（20）解决这个问题，就要换个思路，……将来如能工作电子化，实现"在家上班"，恐怕是个很好的解决办法。

例（19）、例（20）中的"恐怕"都不表示消极语义，而是表达说话人的委婉语气。但据我们的语料考察，"恐怕"的这种用法所占比例是比较小的。

总之,"恐怕"与消极义的共现更为自然。例(1)的答句 C 之所以不太符合语感,是因为"是个好天气"本身为积极义,应该在说话人"期盼恶劣天气"的极端情况下才可以成立;"是个好天气"违背了说话人的主观期待,因此被赋予了消极色彩。且在常规语境中,对天气的讨论不太具有"表达委婉语气"的必要性,因此"恐怕是个好天气"是不太符合语感的。

三、"恐怕"的句类选择

由于"恐怕"表示说话人的不确定性揣测,它一般不用于祈使句和感叹句,只能用于陈述句和揣测义问句。揣测义问句如:

(21)往后要是刮上一夜大风雪,你再来瞧瞧,恐怕你来不了了吧?

例(21)中"来不了了吧"表示说话人的揣测。

22."我大约了解了一下"为什么不能说?

"大概"和"大约"是一对语义和用法十分相近的语气副词,两者很多时候可以互换。但留学生会有这样的疑问:两个词完全一样吗?答案是否定的。下面两个句子中的"大概"和"大约"是不能互换的:

(1)a. 我大概了解了一下。
　　b. *我大约了解了一下。

那么,"大概"和"大约"有哪些相同和不同之处呢?

一、相同之处

(一)语义方面

1."大概"和"大约"都用来表示对时间、距离、数量等内容的不确定性估测。如:

(2)与残奥会开幕式相比,闭幕式的时间短了大概 1 个小时。

（3）这款名叫"雷根"的 MP3 播放机，只要像溜溜球那样反复投掷 10～12 次，就能听大约 1 个小时的音乐。

（4）最近他们搞了一个地震公园，长度大概 150 公里，沿着断层。

（5）江古生物地层厚约 50 米，蕴含着非常丰富的化石，其露头分布在帽天山自西向东大约 100 公里的范围内。

（6）尽管事先做了充分的市场调查，这家店目前看来生意还不是太好。"每天大概 10 多个人吧。"李老板说。

（7）那天来了大约 70 个人，我都不知道原来室外可以坐得下那么多人的。

例（2）～（7）分别表示对时间、距离、数量等内容的估测。在这些情况下，"大概"和"大约"一般是可以互换的。

2.当估测的对象是事件或命题时，两者一般也可以互换。如：

（8）如果经济复苏没有很快出现，金融市场大概将会陷入又一场危机之中，从而使世界经济陷入长期的停滞状态。

（9）他应该开发体育用品，而不是什么酒类产品，市场大约不会买账的。

例（8）、例（9）中，"大概"和"大约"分别表示对"金融市场"和"酒类产品市场"的估测，两者可以互换而不影响句子语义。

（二）句法方面

1.在句法上，"大概"和"大约"都可以较自由地出现于主语前后。以主语为代词的情况为例，我们考察了 CCL 语料库中"大概 / 大约"的句法位置：

表 22-1　人称代词与"大概 / 大约"共现数据统计

检索项	大概+人称代词	人称代词+大概	大约+人称代词	人称代词+大约
数量	495	1497	54	253

表 22-2　指示代词与"大概 / 大约"共现数据统计

检索项	大概+指示代词	指示代词+大概	大约+指示代词	指示代词+大约
数量	205	1125	33	205

从表 22-1 和表 22-2 可以看出,"大概"和"大约"都可以自由地出现在代词主语前后,但两者都以代词后的位置更为常见。

2."大概"和"大约"还都可以在句中单用。如:

(10)当一个人面对你的恭维和爱意能够冷静自持,大概,他是真的无心与你做朋友。

(11)你的处境我略微知道一点儿,大约,这就是人生。

二、不同之处

(一)核心语义

两者的核心语义不同,且在句中有较为明确的分工。"大概"的核心语义是"情况梗概","大约"的核心语义为"数量约莫"。(杨海明、周静,2018)也就是说,"大概"倾向于估测事件整体,而"大约"主要用于与"数量"有关的估计。在语篇中,凡是事件也大多用"大概",涉及数量多用"大约"。如:

(12)从这个程序表中大概就可以看出,完全用不了十一天的时间,大约十分之九的人员就可以参加作战。

(13)正当他又再度环视周围环境的时候,较深处的一个小门打开了,大约有五六个大概是最基层或者是还正在修业当中的神职人员,从里面走了出来。

例(12)和例(13)都使用了"大概"和"大约",两者的分工十分明确:"大概"表示对事件整体的估计,"大约"直接用于"数量"内容之前。

由此可见,例(1)a 句"我大概了解了一下"是合法的,b 句"我大约了解了一下"则不能说。此外,"大概"和"大约"用于同一单句时,一般也是"大概"在前,"大约"在后。如:

(14)我大概搜集了大约 200 个不同国家不同运动的队徽。

当估测的内容都涉及数量时,"大概"和"大约"原则上可以互换,但使用中仍有倾向性,也常是"大概"在前指出总数,"大约"在后指出具体数据。如:

(15)"我们每年大概检查 3000 到 5000 名运动员,"他说,"而其中总有大约 2% 的人药检不合格。"

在表示"情况梗概比较确定"的情况下,"大概"不宜换成"大约"。如:

(16)每次委员开会,杨健的眼光常常对着他,讨论都要征求他的意见,这里面<u>大概一定</u>有问题。

例(16)中"大概"可以和"一定"连用,表示对事件整体较为确定的估测,在这里是不宜换成"大约"的。

(二)共现词语

两者常见的共现词语不同。从表 22-1 和表 22-2 中还可以看出,与"大约"相比,"大概"与代词共现的情况明显较多。而"大约"更常见于数词之前,或后附"有"用于数词之前(其中数词一般用于数量短语当中)。尽管"大概"也有这种用法,但两者的使用频率差别还是比较大的。表 22-3 是 BCC 语料库的检索数据:

表 22-3 "大概 / 大约"与数词共现数据统计

检索项	大概 + 数词	大约 + 数词	大概有 + 数词	大约有 + 数词
数量	3776	15 161	1544	4283

表 22-3 表明,"大约"比"大概"更常用于数词之前。

在少数情况下,"大概"和"大约"都可以单用,但"大概"单用的数量多于"大约"(CCL 语料库中分别为 41 例和 5 例)。

(三)语体方面

两者相比,"大约"更常见于书面语。在口语中表示对事件或命题的不确定性估测时,一般用"大概"。如:

(17)a. 我觉得<u>大概</u>可以。

　　　b.* 我觉得<u>大约</u>可以。

（四）句法方面

"大概"可以用于句尾，"大约"一般不用于句尾。如：

（18）毕竟我是贵族嘛，从身体里散发出来的高贵气质，并不是这里的女孩子能比的。应该是这样吧，嗯，<u>大概</u>。

（19）这天是冷，哎呀，幸亏我穿着这火龙单哪，如果不穿这火龙单哪，还得冷，<u>大概</u>。

根据语感可以判断，例（18）和例（19）中的"大概"换作"大约"都不成立。

（五）其他方面

需要注意的是，"大概"和"大约"还都有形容词（表属性）的用法，都可用作定语，如"大概/大约的数目"。但两者相比，"大概"用作定语更为常见，"大约"一般只与"数量"类中心语搭配，"大概"还可与其他词语搭配。留学生在写作中会出现这样的偏误：

（20）*<u>大约</u>的内容是这样的："你虽然现在很难过，可是你看在天上的那么多的星星，都是为你而亮。"

例（20）中的"大约"应换作"大概"。

23. "我有决心，明年的确和今年不一样"为什么不能说？

"的确"和"确实"都表示确认，其语义不难理解。但我们在 HSK 动态作文语料库中发现了下面的偏误：

（1）*我有决心，明年<u>的确</u>和今年不一样。

根据语感，例（1）表示说话人的"决心"，句中用"的确"不合适，将"的确"换作"确实"也不合适；但删除"的确"或将其改为"一定"就没问题了。这是为什么呢？

再来看下面的句子：

（2）*那时，我一听到你们的声音就要往你们那儿跑过去，<u>真实难受了</u>。

例（2）也不对，应将其中的"真实"改为"确实"，但在缺少上文语境的情况下，"真实"又不宜改为"的确"。

那么，"的确"和"确实"在使用中有哪些特点？两者又有哪些异同呢？

一、语境和语义

（一）相同之处

1. 对照式语境

"的确"和"确实"句的前文都常有一个话题或观点与"的确/确实"句密切相关，它们前后形成"呼应"关系，这是两者所在语境的共同特点，或称为"对照式语境"（魏红，2010）[1]。在交际中，当说话人"确认"前文或对方提到的话题或观点时，语境的对照式特点十分明显。如：

（3）比赛之前队长就说："越是在这种形势下，<u>比赛就越难打</u>。"昨晚赛后他说，当着 8 万多人面前比赛<u>的确很不容易</u>。

（4）他慢慢地接着道："<u>要造就一位英雄也很不容易</u>。""是的。"小高说，"<u>确实很不容易</u>。"

例（3）中的"的确很不容易"是对前文"比赛难打"这一观点的确认，例（4）"确实很不容易"是对对方"造就英雄很不容易"这一观点的确认。

有时候，"确认"的对象是与前文事实相关的结论或推理。如：

（5）早报发行组最早的要 2 时 30 分上班，<u>其余也必须 4 时以前全部到岗</u>，一些家远的同志不得不两三点就出门。而且，由于邮政行业连年亏损，<u>工人收入偏低</u>，<u>一个夜班仅补助 1 块 8 毛钱</u>，工人<u>的确很不容易</u>。

（6）<u>他的动作还是很轻慢</u>，<u>甚至连姿势都没有改变</u>。能做到这一点<u>确实很不容易</u>。

---

[1] 该文认为"的确/确实"还可用于非对照式语境和独立语境。实际上，"的确/确实"所在的语境都具有对照式特点，这与"确认"的内涵也是一致的，只是有时将相关话题或观点隐含在了话语中。

例（5）画线部分先是具体展示了"工人不容易"的具体情况，进而得出"工人的确很不容易"的结论；例（6）先是详细描述"他的动作"，根据人们的经验，"保持动作的轻慢和不变"是不容易的，因此得出"做到这一点确实很不容易"的推论。这两种也都属于对照式语境。

可见，例（1）中之所以不能使用"的确"和"确实"，正是因为缺少对照式语境。

2. 已然事实

在对照式语境中，"的确"和"确实"表示的"确认"，都是对已有的观点或已经发生的事实（或相关推理）的确认，不能是对尚未发生的事情进行心理上的确认。如例（3）、例（4）确认的是已有的观点，例（5）、例（6）确认的都是已经发生的事实。这也是例（1）不成立的原因：从"决心"和"明年"可以看出，该句只是说话人的设想，而不是已然事实。

（二）不同之处

1. "确实"突出"真实性"

与"的确"相比，"确实"更强调对"真实性"的确认。当权威人物发表有影响力的言论时，使用"确实"具有更高的可信度。如：

（7）此间观察家表示，中国监狱警察学历水平如此快速提高，确实令人刮目相看。

（8）专家认为，一流的、多功能性的中国传统医学康复中心确实是一个窗口。

例（7）、例（8）中"观察家"和"专家"的身份具有权威性，两句"确认"的都是"事实"，可信度都比较高。权威人物的言论中也常使用"的确"。如：

（9）a 根据各方面材料来看，研究这方面的专家认为，她的确是被下令推到井里害死的，这个事情应当是可信的。

例（9）a 说话人仍是"专家"，但确认的是来自"各方面材料"的观点，专家只是客观地陈述"材料"和"结论"之间关系"应当是可信的"，但"材料"的真实性和可靠性可能还有待查验。试比较：

（9）b 研究这方面的专家认为，她确实是被下令推到井里害死的。

例（9）b 将例（9）a 中的"的确"换作了"确实"，表示专家对"结论"的直接确认。相比之下，专家身份的权威性一般会带来更高的可信度（当然，专家身份受到质疑的情况除外）。

较严肃的场合需要高可信度的言论，此时一般使用"确实"而非"的确"。比如在警察执行搜查令的场景中：

（10）a. 被搜查者（接受搜查前）：里面没有人。

　　　b. 警察（搜查后）：里面<u>的确</u>没有人。

　　　c. 警察（搜查后）：里面<u>确实</u>没有人。

例（10）的三个句子中，a 句可信度最低；b 句警察使用"的确"，确认的是被搜查者的观点，可信度较高；c 句使用"确实"，确认的既是被搜查者的观点，也是警察所表述的事实，其中警察身份带来更高的可信度。

普通言论中使用"确实"，也可增强观点的可信度。如：

（11）他用半开玩笑的语气说："怎么，不给面子？"谢丽娟冷着脸说："我<u>确实</u>是有事情。你们去吧，你们去。"

例（11）中的"确实"换作"的确"的话，可信度就会有所降低。

有时候，"确实"只是强调事实真实性，与可信度没有明显的关系。如：

（12）分数下来之后，她告诉我，只考了59分。我问她，这次没有考好，是因为紧张还是因为她<u>确实</u>没有学懂。

例（12）中的"确实"换作"的确"是不合适的，可以换作"真的"。

2. "的确"更具回应性

在交际中，"确实"表示对已有观点"真实性"的确认，确认的是"事实"；"的确"确认的则是对方的观点，在交际中关照"对方"，回应性更强，因此显得更有礼貌。如例（10）c 是对客观事实的确认，例（10）b 则是对 a 观点的确认，两者相比，b 句更能体现说话人对听话人面子的照顾。例（2）只是说话人的陈述，语境中不具有回应性特点，因此应用"确实"而不宜用"的确"。

二、句法、语篇及其他

在句法、语篇和句类选择等方面，"的确"和"确实"的相同之处明显多于不同之处。表现为以下几个方面：

1. 都常见于主语后

"的确"和"确实"都以主语后位置更为常见，以指示代词"这/那"做主语为例，在 CCL 语料库中，"这/那+的确"和"这/那+确实"分别出现 873 例和 698 例，但"的确+这/那"和"确实+这/那"均不到 10 例。

2. 都可以单用

两者都可以单用，"的确"单用的情况多于"确实"（分别为 1301 例和 429 例）。个别情况下，它们也都可用于句尾。如：

（13）体育老师到雨搭上安广播喇叭发现了它。有几位男老师不信，顺着梯子爬到雨搭上一看，<u>确实</u>。

（14）"这么说，您对我所有的情况都知道了？"波洛说着，脸上放出了光彩。"是的，<u>的确</u>。"

3. 都可用于转折复句

"的确"和"确实"都常见于转折复句的前句。如：

（15）王林和承认这一切<u>的确</u>对他有极大的诱惑力，<u>但是</u>，科学虽没有国界，科学家却是有自己的祖国的。

（16）很多女生觉得吃水果能美容，就每天吃很多。吃水果对皮肤<u>确实</u>有好处，<u>但是</u>要看你是什么体质。

在 CCL 语料库中，"的确"和"确实"后接转折连词（可是/但是/然而）的情况都比较常见，其中"的确"句共出现 841 例，"确实"句共出现 981 例。

4. 适用的句类基本相同

"确认"义决定了"的确"和"确实"大多时候用于陈述句，也可用于感叹句。用于疑问句时，说话人是为了确认某事实或观点是否属实，属于是非问句。它们一般不用于特指问、选择问和正反问。两者也可用于祈使句之前，表示建议或劝阻的原因或必要性。如：

（17）这是你的，这<u>的确</u>是你的呀，<u>把它拿过来吧</u>！

（18）首都机场的交通状况<u>确实</u>需要尽快改善，<u>别让我们上下班总是战战兢兢的</u>。

5. 词性不完全相同

"的确"只有语气副词一种词性。"确实"除了做语气副词之外，还可以做形容词，可受程度副词修饰、做谓语中心语或做定语，分别如"（消息）很/十分确实""确实的证据/消息/答案"等。

24. "他实在考上了大学"为什么不能说？

与"的确""确实"类似，"实在"也表示"确认"。在第二语言教学中，它的偏误率是比较高的。请看下面留学生输出的偏误：

（1）*那年他<u>实在</u>考上了大学。

（2）*我<u>实在</u>听得懂老师说的话。

（3）*谈及代沟问题，现实社会中<u>实在</u>存在。

（4）*在小孩儿的眼里，父母<u>实在</u>是这样的。

根据语感我们知道，例（1）～（4）中的"实在"如果换作"确实"（或"的确"）的话，都可以成立。这说明学生还没有掌握"实在"和"的确""确实"之间的区别。本节我们将具体分析"实在"句及其共现成分的特点，并说明它与"的确""确实"的不同之处。

一、肯定与否定

根据肖奚强（2007），"实在"用于否定句的比例约占45%，明显高于"的确"用于否定句的情况（约占14%）。"实在"所在的否定句，有的转换为肯定句便不成立。如：

（5）作为经常乘车的乘客，我<u>实在不知道</u>其中奥秘。

（6）我真的不好意思打扰你，可我<u>实在没有</u>别的办法，请多关照。

（7）<u>实在不能喝酒</u>的客人，可用无名指蘸酒，对空弹三下，以表示对主人的敬意和谢意。

例（5）～（7）中"实在"所在的句子都是否定句。如果变换为相应的肯定句，它们就都不成立了。如：

（8）*作为经常乘车的乘客，我<u>实在知道</u>其中奥秘。

（9）*我真的不好意思打扰你，可我<u>实在有</u>别的办法，请多关照。

（10）*<u>实在能喝酒</u>的客人，可用无名指蘸酒，对空弹三下，以表示对主人的敬意和谢意。

例（8）~（10）是例（5）~（7）句相应的肯定形式。可以看出，"实在+不知道/没有/不能"可以说，但"实在+知道/有/能"都不能说。而"的确/确实+不知道/没有/不能"和"的确/确实+知道/有/能"都是可以成立的组合。这种现象表明，"实在"对共现成分是有选择的，它具有不同于"的确"和"确实"的语法意义和语用条件。

二、"实在"的共现成分

（一）形容词性成分

"实在"常与含极性义的形容词短语共现，其中以"太+形容词+了"最为常见。如：

（11）一省所辖县，有六七十个以至一二百个，<u>实在太多了</u>。

极性义形容词短语还有"形容词+极了/透了"等。如：

（12）众人所知，交通警察的工作<u>实在平凡极了</u>。

（13）他知道自己这么为她神魂颠倒，<u>实在傻透了</u>。

程度副词"非常/很"与形容词组成的高程度义短语，也较常与"实在"共现。如：

（14）艾莉的人品不错，心地又好，你看她对运好多好，这样的后母，<u>实在非常难得</u>。

（15）这些学生拿这个公共空间写作业、背教科书，<u>实在很浪费</u>。

包含形容词的程度补语表示高程度义，也常与"实在"共现。如：

（16）我<u>实在是笨得很</u>，脑子这么小，只能一个一个想问题，你连提三个问题，我就消化不了。

（17）工作千头万绪，<u>实在忙得不可开交</u>。

有时候，"实在"还可以跟光杆形容词共现。如：

（18）不能冷场倒是次要的，徐经理的时间<u>实在宝贵</u>，怎可白白浪费光阴哩？

（19）对这么宝贵的市场保护不周，<u>实在可惜</u>。

例（18）、例（19）中的"宝贵""可惜"本身不具有高程度义，但"实在宝贵""实在可惜"整体具有较高的程度义。

根据张则顺（2011b）的统计，与"实在"共现的形容词性成分中，极性义短语占 70%，光杆形容词和含程度副词的短语分别占 19% 和 11%。

（二）动词性成分

1."实在"可以与心理动词共现，它们有的只用于肯定句。如：

（20）一天，伟华<u>实在想念</u>父亲，没有请假就独自搭车赶回家里。

（21）她一个姑娘家，穿红挂绿地走山路，心里<u>实在害怕</u>。

（22）当时，我们<u>实在担心</u>他难以承受那么大的工作量，于是多次劝他注意休息，不能过于劳累。

例（20）~（22）中，"实在"分别与心理动词"想念""害怕"和"担心"共现，且都是肯定形式，其相应的否定形式"实在不想念/不害怕/不担心"，接受度都比较低。但"实在喜欢/不喜欢"都可以说。如：

（23）一天，记者来到朝阳区小庄一瓜摊买瓜，正赶上摊主在卸瓜，那圆滚滚的大西瓜，叫人看了<u>实在喜欢</u>。

（24）我<u>实在不喜欢</u>住在客店，无论多么好的客店，房间也像是个笼子似的，我一走进去就觉得闷得慌。

此外，由于人的心理活动本身含有程度义，它们与"实在"中间还可以添加程度副词。

2.与"是、有、像、让"等动词共现时，"实在"句常带有主观评价义。如：

（25）人类有语言，会说话。<u>实在是一件了不起的大事</u>。

（26）这些"商品"<u>实在有它们不普通的一面</u>。

（27）我说："是啊，不过今晚的招待会<u>实在</u>像次外交活动，不像婚礼！"

（28）我华夏文明古国，历史悠久，文化灿烂，却任这等文字赫然入目，<u>实在让人扼腕唏嘘</u>。

例（25）～（28）中的"实在"分别突出主观评价"了不起""不普通""像外交活动"和"让人扼腕唏嘘"。如果"是"和"有"没有评价义，和"实在"共现时只能用于否定句。如：

（29）这<u>实在</u>不是谁的意志。

（30）父亲沉默了，因为家里<u>实在没有</u>多余的钱。

例（29）中的"这是你/我/他的意志"和例（30）中的"家里有多余的钱"都是对具体事件的陈述，它们都不能直接出现在"实在"后，但它们的否定式却是可以的。这是因为否定本身就是一种评价。

类似的动词还有：表知识状态的动词，如"知道、明白、了解、清楚、理解、懂"等，它们与"实在"共现时，也只能用于否定句，如例（5）；有"能力"义的助动词，如"能、会、可能"等，它们与"实在"共现时，也只能用于否定句，如例（7）。

3. 可能补语

"实在"常与可能补语的否定式共现，句子整体有"愿而不能"的语义。其中有的包含心理动词，有的包含动作动词。如：

（31）我<u>实在想不明白</u>，一个人怎么可以做到这么坏？

（32）有民企找他，他说受不了民企，<u>实在看不惯</u>老板的德行。

例（31）、例（32）都有"主观上想要做到但又做不到"的语义，"想不明白""看不惯"都是可能补语的否定式，其中"想"是心理动词，"看"是动作动词。

4. 其他动补短语

状态补语和程度补语可以与"实在"共现，句子整体带有说话人的评价义。如：

（33）他的工作千头万绪，<u>实在忙得不可开交</u>。

（34）他心想，这首赞佛偈子<u>实在做得太好了</u>，……

例（33）、例（34）中的"忙得不可开交"和"做得太好了"都是说话人的评价。

结果补语中有一些语义指向为动作发出者的，可以与"实在"共现。如：

（35）女孩儿自从迷上了钢琴，可以一弹4～5个小时，……<u>实在弹累了</u>，她会……

例（35）中"弹累了"为结果补语，补语"累"指向"女孩儿"，"弹累了"也有评价义。

三、"实在"的语法意义

从上文可以看出，"实在"的共现成分类别比较复杂。与"的确""确实"表示"确认"不同，"实在"常表示说话人对事物"极性程度"的主观评价。极性程度具有一定超常规性，超常规性语义与"实在"共现是更为自然的。表现在三个方面：一是否定式多于肯定式；二是与常规性状相比，"实在"只用在非常规语义中，如"实在讨厌"可以说，"实在不讨厌"则不能说，因为"不讨厌某人"具有常规性，"讨厌"具有超常规性（李劲荣，2018）；三是感情色彩方面，有研究表明，与"实在"共现的形容词中，贬义明显多于褒义[①]可见，"实在"的主观评价还多具有负面感情色彩。

25. "难怪他有女朋友吗？"为什么不能说？

请看留学生使用"难怪"时写出的句子：

（1）*他每天出去玩儿，<u>难怪他有女朋友吗</u>？

（2）*但你们是我的父母，<u>难怪我对你们产生特别的感情</u>。

这两个句子都是不对的。例（1）应改为"难怪他每天出去玩儿，原来他有女朋友。"例（2）句则不能使用"难怪"，可改为"你们是我的父母，我对你们

[①] 周密（2016）研究发现，与"实在"共现的形容词中，褒义词和贬义词之比为37：99。

有特别的感情。"那么，其原因是什么呢？在"难怪"的教学中，我们应该注意哪些方面呢？

一、语用条件

我们使用"难怪"时，大概是这样的情况：说话人原本对某个已然事实感到奇怪，由于新发现了其中的原因，而不再感到奇怪。这时候，可以在"已然事实"之前使用"难怪"。就例（1）来说，已然事实是"他每天出去玩儿"，新发现的原因是"他有女朋友"，句子不对的主要原因是弄错了"难怪"的位置。

从本质上来看，"难怪"所在的语篇是一种因果关系。如例（1）"他有女朋友"是他"每天出去玩儿"的原因，说话人由于发现了这个原因，才使用了"难怪"。再如：

（3）她独创的中草药美容品系列逐渐成功，一个个爱美之士使用她亲手调配的美容品后取得了满意的效果。有位西欧外交官夫人试用后逢人就说："难怪东方人皮肤这么细嫩，原来是用这种润如脂、白如雪的祖传秘霜！"

例（3）中，外交官夫人先是对"东方人皮肤细嫩"这一事实感到奇怪，她发现了其中的原因"是用了这种祖传秘霜"，因此不再感到此事奇怪。

二、语义限制

结合"难怪"的语用条件，其语义可以概括为"醒悟"。具体而言，"醒悟"义包含了以下几个方面：

（一）事实是"已然"的

说话人关心的"已然事实"是"已经发生的事"或"说话人已经确认的事"。如例（3），"东方人皮肤细嫩"是"已经发生的事"。再如：

（4）进店的顾客大多对跑步机感兴趣，有的上去一试身手，便忙着问价格，因占地仅1平方米，难怪不少人想把它请回家中。

例（4）中，"不少人想把它请回家中"是"说话人已经确认的事"。

这一点决定了"难怪"一般不与表示未然的词语（如"即将"）或表示主观推测的词语（如"可能、大概"）连用。

（二）事实是"不可控"的

"醒悟"义之所以产生，是因为说话人发现了与所言事实相关的原因，该事实对于说话人而言应当是不可控制的。从"难怪"连接的成分来看，多是说话人之外的人和事。如：

（5）a. 难怪他愿意给她这么多钱，原来事情这么严重。

b.* 难怪我愿意给她这么多钱，原来事情这么严重。

例（5）a 中的"他"换作"我"，句子便不成立，因为"愿意"具有可控性。但"难怪"并非不能与"我"连用，说话人也可以对发生于自身的事感到奇怪，只是该事实应具有"不可控"性。如：

（6）"真的？我真的从早上睡到现在？难怪我会饿得难受，我还以为我什么时候变这么嘴馋了呢！"

例（6）中的"饿得难受"对于说话人而言是"不可控"的。

（三）原因是"新发现"的

与"因为……所以……"和"既然……就……"表示的因果关系不同，在"难怪"因果句中，原因是说话人新发现的，不是早就知道或众所周知的；是主观认定的，不一定是大家都认可的。例（2）之所以不能使用"难怪"，是因为"你们是我的父母"是一种长期存在的关系，不是说话人新发现的原因。可以将其改为：

（7）a. 因为你们是我的父母，所以我对你们有特别的感情。

b. 既然你们是我的父母，我对你们就一定有特别的感情。

当然，例（7）a 和 b 的语义也有不同，此处不赘述。

三、语义结构类型

"难怪"所在语篇的语义结构类型大致包括两种。一种是原因在前，结果在后。表示原因的部分有时有"原来/因为"等标记词，"难怪+已然事实"表示的结果前面有时有"所以"等标记词。如：

（8）别看他身居要职，原来却是一个放牛娃，难怪有人至今还称他是大山怀抱走出来的好儿子。

（9）人说姑苏城独具婀娜妩媚、顾盼生情的女性形象，因为姑苏味孕育着"小家碧玉"的娟秀，难怪苏州姑娘长得纤细苗条，衣着飘逸。

（10）综合而言，是因为现代社会上，穿传统的雨靴的人已寥寥无几，所以难怪这家公司会倒闭。

大多数情况下，"难怪"所在语篇的因果关系并不需要其他标记词。如例（6）和例（11）：

（11）我们一实行新政，那些老先生们就有失业的危险，难怪他们要反对。

例（6）和例（11）中的因果关系都是靠上下文语义来体现的，其中例（6）表示说话人发现了自己"饿得难受"的原因是"从早上睡到现在"；例（11）表示说话人发现了"老先生们反对新政"的原因是"他们有失业的危险"。根据我们对 CCL 语料库的观察，诸如例（6）、例（11）这种原因在前、结果在后且没有其他因果关系标记词的语篇，体现了"难怪"较为典型的语义结构类型，也就是说，包含"难怪"的大多数语料都是原因在前、结果在后，且不需要标记词的。

"难怪"的另一种语义结构类型为：结果在前，原因在后。"原因"前面有时会有"原来/因为"等标记词，如例（3）和例（5）a 中的原因部分都有"原来"，例（12）中的原因部分有"因为"：

（12）难怪许多人都不能谅解，窃窃私议，因为他们确实隐约地感到是被利用、出卖了。

有的时候，原因部分也没有标记词。如：

（13）盗墓者看中的墓材，不只有棺材板，还有墓砖等一些东西。在古代，砖价不低，……一块砖价十文钱，利润相当可观。难怪盗墓贼会盯上墓材，这比种田划算啊。

例（13）中没有标记词，也属于结果在前、原因在后的语义类型。"难怪"的这种用法相对是比较少的。

四、句法位置和句式选择

（一）句法位置

"难怪"是说话人对已然事实的醒悟，其语义指向为后指。在句法上，"难怪"大多数情况下都在主语之前（即句首），基本不用在主语之后，前文例句都属于此类。但也有个别情况，如：

（14）"你身体好吗？"她问。她难怪会提出这个问题来，因为他的脸色像她的衣服那么苍白。

例（14）中，"她难怪"仍表示说话人对"她"的行为感到奇怪，"醒悟"的主体仍为说话人，而不是主语"她"。

"难怪"可以独用，有时也用于"这也难怪"。如：

（15）据传媒报道，每次画展，各种不同肤色、不同年龄的众多参观者相拥于画前，流连忘返，驻足品味。难怪，一些国家和地区的美术馆在承办了他的画展后，总要再次向他邀展。

（16）如今人们看电影多半是看彩色的，拍照也总喜欢拍彩照，黑白摄影逐渐被人们疏远了。这也难怪，彩色毕竟比黑白好看。

值得注意的是，现代汉语中的"难怪"还有动词用法，后面带宾语，表示"难以（不应当）责怪"的意思。它还处于语法化过程当中，还不是语气副词。如：

（17）当我们问起他们愿不愿意回家时，几乎所有的孩子都不想回家。这也难怪他们，"家"对他们而言实在太陌生了，许多孩子连父母的模样都模糊了。

例（17）中的"难怪"是动词。

（二）句式选择

"醒悟"的前提是说话人对新发现的原因持肯定态度，因此，"难怪"一般只用于肯定句。有时也用于感叹句，但一般不用于疑问句。例（1）将"难怪"用于疑问句是不对的，根据句子语义，可以将其改为：

（18）他有女朋友吗？难怪他每天出去玩儿。

由于相关事实应该是已然事实，因此"难怪"也不用于祈使句（祈使句一般都是"未然"的）。

五、语用场景

"难怪"常见于两种场景。一是用于自省，表示说话人的心理活动，这与"醒悟"的语义是一致的。如：

（19）她<u>想</u>：<u>难怪</u>他们这样专注。这个地方太吵了，如果想让人听到你说话，就必须大声嚷嚷。

二是用于对话，表示在话轮中的突然醒悟。如：

（20）嘉宾：……就这样，大家完全没有感觉到后台其实没有一个歌手，我这样一个人演到歌手到场为止。

主持人：真厉害，<u>难怪</u>叫校园天王！

比较："难怪"与"怪不得"

"难怪"和"怪不得"都用来表示"醒悟"，在现代汉语中都有动词和语气副词两种词性。做语气副词时，两者的句法位置、语义语用情况也基本相同。因此，大多数情况下都可以互换。但"难怪"的心理机制更为复杂，使用"难怪"时，说话人内心有一个接受和理解的过程。因此，相对于"怪不得"来说，"难怪"的"惊讶"程度要小一些。在句类选择上，"怪不得"比"难怪"更多用于感叹句。在感叹句中，"难怪"前可以有表示缓和语气的"也"，"也难怪"中的"难怪"一般不能换成"怪不得"。（张淑敏，2013）

26. "看父母做什么,他偏偏要做什么"为什么不能说?

下面是留学生使用"偏偏"时输出的偏误:

(1)*孩子喜欢模仿父母,看父母做什么,他<u>偏偏</u>要做什么。
(2)*我<u>偏偏</u>准备打开电脑时,停电了。
(3)*刚才还是晴天,现在<u>偏偏</u>下起了大雨。

不难判断,以上三个句子都有问题。具体而言,例(1)错在语义,"父母做什么"和"他做什么"行为上是一致的,而"偏偏"是意外类语气副词,只能用在包含意外义的场景中。如果一定要用"偏偏"的话,就只能改变句子的原义,如改为"孩子不听父母的话,父母不让他做什么,他偏偏要做什么。"例(2)语义是对的,"打开电脑——停电"是一种意外,但"偏偏"的位置有偏差,应该将它放在"停电了"之前。例(3)的合法性略有争议,但将"偏偏"改为"竟然"应该更符合语感。

那么,我们应该怎么理解"偏偏"的语义和语用特点呢?

一、"偏偏"与"主观意愿"[①]

(一)与"竟然"的异同

与"竟然"一样,"偏偏"也属于"意外"类语气副词。但它常用在表示"某事与主观意愿不相符"的意外场景中,是否涉及"主观意愿"是它和"竟然"的主要区别。例(3)主要说"天气的变化出乎意料",而不是"天气变化违背了某人的主观意愿",因此用"竟然"更为合适。如将语义稍做调整,改为"我正打

[①] 有工具书认为"偏偏"还有"单单"的意思,如"别人都能回家,偏偏我就不能?"这种用法实际上仍有"与主观意愿不符"的语义,因此我们没有单列。

算去跑跑步，现在偏偏下起了大雨"就没问题了，因为其中添加了"我不希望现在下雨"的主观意愿。

（二）与谁的"主观意愿"不符？

1. 说话人的主观意愿

"偏偏"常用来表示某事与说话人的主观意愿不相符。"偏偏"是用来引出"意外事件"的，这一点在教学中应当明确。"偏偏"句有时候没有主语，有时候是说话人之外的其他人做主语。如：

（4）我是从来不去那个地方的。可那天偏偏去了，<u>又偏偏出了事</u>。这就是天意。

（5）明明是很平常的事务性工作，<u>偏偏要张扬声势</u>，好像不说成"工程"就赶不上时髦，就搞不好工作。

（6）最伤心的是我上中学的第一天，<u>老师不知怎么偏偏要我站起来回答问题</u>。

（7）不论从哪方面来说，我都比那小伙子强。<u>可那姑娘偏偏不爱我</u>，偏偏愿意跟那小伙子受苦。

例（4）、例（5）都没有主语，例（4）表示"出了事"与"我"的"主观意愿"不符，例（5）表示"某人要张扬声势"与"我"的"主观预期"不一致。例（6）、例（7）都有主语，分别是"老师"和"那姑娘"，他们都是"意外事件"的发出者，但两个句子仍然表示意外事件与说话人"我"的主观意愿相违背。

有时候，说话人的主观意愿是在情理中体现的。"偏偏"表面上是说"某事与情理不相符"，实际上该情理与说话人的主观意愿是一致的。如：

（8）比如一个老干部有识见、有能力、有人缘，但<u>偏偏爱财</u>，贪小便宜，那么，他的"形象"就会一落千丈。

（9）现在又有了女儿，多美好的家庭，儿女双全。<u>偏偏这家伙一脑袋的男尊女卑</u>，女儿刚过满月，他就提出把女儿送给别人。

例（8）中的"爱财"与"官员的正面形象"不符，例（9）中的"这家伙一脑袋的男尊女卑"与"儿女双全应当感到满足"的情理不相符。可以说，情理反映了说话人的主观意愿。

2. 移情主体的主观意愿

在叙述性语体中，说话人可以将主观意愿移情至场景中的某人。此时，"偏偏"句违背的就是这个人的主观意愿。如：

（10）他觉得"忍"是女人的天性，<u>她为什么偏偏就不能忍</u>？

例（10）中，说话人将主观意愿移情到"他"之上，"她不能忍"违背了"他"的主观意愿。

3. 其他人的主观意愿

当"偏偏"引出的意外事件与说话人相关时，"我"做主语，主观意愿的发出者可以是其他人。如：

（11）父亲从不要求我考第一，也从不逼我念书，但是，<u>我却偏偏每次都考第一</u>。

例（11）中，"我每次都考第一"与"父亲"的主观意愿不相符。

二、"偏偏"与句子焦点

在句子中，"偏偏"的位置不同会带来语义辖域的改变。如：

（12）a. 可悲的是，掉下水的偏偏没学过游泳。（主语后）
　　　b. 可悲的是，偏偏掉下水的没学过游泳。（主语前）

例（12）a、b 两个句子中"偏偏"的辖域是不同的，a 句是"没学过游泳"，b 句是"掉下水的没学过游泳"（详见本书第 8 个问题）。

"偏偏"还有明显的标记焦点的作用。一般情况下，它常直接用于句子焦点之前（见本书第 15 个问题）。如：

（13）a. 他<u>偏偏</u>昨天坐飞机去南京了。（不是"今天"）
　　　b. 他昨天<u>偏偏</u>坐飞机去南京了。（不是"坐火车"）
　　　c. 他昨天坐飞机<u>偏偏</u>去南京了。（不是"去上海"）

由例（13）可见，在"意外"句中，"偏偏"的位置对句子语义的影响是比较大的。例（2）之所以不对，是因为"停电了"才是句子的焦点信息。如果我们改变语境信息，强调"准备打开电脑时"发生了意外事件，句子也就合理了。如：

（14）早不停电，晚不停电，偏偏准备打开电脑时停电了。

例（14）中，"准备打开电脑时"是句子的语义焦点。

三、"事件"的消极性

一般来说，人们的主观意愿大都是好的、正面的，那么相应地，"违背主观意愿"的事件则会或多或少带有一些消极性。"偏偏"引出的意外事件常常带有消极色彩，如例（4）"出了事"、例（7）"那姑娘不爱我"、例（8）"官员爱财"、例（14）"要用电脑时停电"等。再如：

（15）中午匆匆吃过午饭，大家又马不停蹄地干着，偏偏天公不作美，天色渐渐暗了下来，凛冽的寒风，打着尖厉的呼啸，夹裹着纷纷扬扬的雪花，扑向正在挖泥排水的战士。

（16）一个好端端的姑娘，哪里找不到对象，偏偏要找一个身体不健全的，还谈什么养活妻儿老小，今后的日子怎么过？

因此，"偏偏"也可常来表达说话人的"不满"和"愤怒"的情感。但"消极性"并不是绝对的，如例（11）"我每次都考第一"本身不是消极事件，它只是超出了父亲"从不要求我考第一"的主观意愿。

27．"作业有点儿多，却应该不难"为什么不能说？

留学生在学习"却"时，一般都已经学习了转折连词"但/但是"。在学习中，他们很容易将两者等同。如"却"的常见偏误之一就是将句法位置弄错：

（1）*我自己很明白你们多么疼我爱我，却女儿不乖。

其中"却"作为语气副词，应该用在主语"女儿"之后。

"却"的偏误还表现为和其他副词小类共现时的语序问题。如：

（2）*父亲在市场开小店卖杂货，母亲有时到店里去帮助，我完全却顾不到这一点，只顾玩儿，不爱学习。

"却"是语气副词，它和其他小类的副词共现时，一般都位于其他副词的前面（见本书第20个问题），因此，例（2）的"完全却"应改为"却完全"。

有时候，"却"的偏误属于语义问题。如：

（3）*昨天的作业有点儿多，却应该不难。

根据语感，例（3）是不对的，应将"却"换作"但"。

那么，"却"和"但"有什么异同呢？对于这个问题，如果不加分析，很多母语使用者恐怕也很难说清。下面我们来进行具体分析。

一、"却"和"但"的替换和共现

"却"很多时候可以表示转折，在句中可以替换为"但"，有时也可以在前面添加"但"。如：

（4）a. 为什么有的双亲智商都很高，却生出了智商不高甚至痴呆的儿童？

　　b. 为什么有的双亲智商都很高，但生出了智商不高甚至痴呆的儿童？

　　c. 为什么有的双亲智商都很高，但却生出了智商不高甚至痴呆的儿童？

例（4）a句为来自CCL语料库的原句，改为b和c后也都是合法的。

"但"和"却"共现时，还可以分别用于主语前和主语后。如：

（5）初中生身高迅速增长，血管也跟着增长，但心脏的发育却跟不上。

二、"却"和"但"的语义差异

有时候，句子中的"却"是不能换成"但"的。如：

（6）a. 没有哪一个现代科学家没有自己的专业领域，却被称为科学家。

　　b.*没有哪一个现代科学家没有自己的专业领域，但被称为科学家。

例（6）b句将a句中的"却"换作了"但"，前后句仍是转折关系，但整句明显是不对的。这又是为什么呢？

（一）两种转折关系

理解"却"和"但"的差异，要从转折义的类别说起。转折关系可能包含多种具体义，在此可以大致分为两类：一类是包含"对比"义的转折，一类是没有"对比"义的转折。如：

（7）有些地区经济发展了，但对教育的发展却产生了负效应。

（8）人的身心发展是有规律的，但有哪些规律，目前正在深入研究之中。

例（7）包含对比义，是将"经济"和"教育"进行对比，其中"但"可以换作"却"，或在后面添加"却"，都不影响句子的基础语义；例（8）不包含对比义，其中"但"不能换作"却"，后面也不能添加"却"。

可以说，只有在包含"对比"义的转折关系中，"但"和"却"才有互换和共现的可能。例（4）三个句子都包含"双亲智商很高"和"儿童智商不高甚至痴呆"的"对比"义，是三个句子都成立的基本条件；例（5）包含"初中生身高、血管和心脏"发育情况的对比，是"但"和"却"可以共现的语义条件。

（二）"却"与"对比"义

刘清平（2001）考察了569条包含"却"的例句，认为它主要出现在以下三种语义背景中：（1）XW_1，Y 却 W_2；（2）XT_1W_1，T_2 却 W_2；（3）（应 W）却-W[①]（其中 X 和 Y 表示不同的话题，T_1 和 T_2 表示话题的某个方面，W_1 和 W_2 表示谓语，W 和-W 表示语义相反的情况）。如：

（9）我当机立断地站了起来，小莫却仍愚不可及地怔怔坐着。

（10）当丈夫背后的女人，是被现代女人所唾弃的，可在我看来却是一种奢望的幸福。

（11）有的会议本应在小范围开，却搞得规模很大。

例（9）中，X 和 Y 分别为"我"和"小莫"；例（10）X 为"当丈夫背后的女人"，T_1 和 T_2 分别为"现代女人"和"我"；例（11）的 W 为"在小范围开"，-W 为"搞得规模很大"。

---

① 此处对刘文的表述方式做了改动。

其中，在第三种语义背景中，"应 W"的语义也可以不出现，只是隐含在语境中。如：

（12）有些学校没有一台计算机，也不上计算机课，<u>却也要让学生买计算机教科书</u>，简直让人哭笑不得。

例（12）中，根据描述，应有"不该让学生买计算机教科书"的隐含义，"却"引出与此相反的实际情况。

由此可以看出，与其说"却"表示"转折"，不如说它是用来进行"对比"的。其中第一种情况是将 X 和 Y 进行对比，第二种是将 T_1 和 T_2 进行对比，第三种是将-W 和 W 进行对比。

（三）"却"和"但"的差异表现

1. 焦点位置不同

分别使用"却"和"但"的句子，焦点位置是不同的。"却"表示对比，它所在句子的焦点是两个对比项；而"但"表示转折，它所在句子的焦点一般是转折后句。这也是两者不能自由互换的原因。例（6）b 句之所以不对，是因为句子语义是将"没有自己的专业领域"和"被称为科学家"进行对比，从而得出负面评价；换作"但"之后，"被称为科学家"成为句子唯一的焦点，与原意就不符了。

例（3）的情况则相反，应将其中的"却"改为"但"：

（13）昨天的作业有点儿多，<u>但应该不难</u>。

修改后的例（13）突出了"不难"这一常规焦点。当然，"多"和"难"也可以进行对比，所以我们也可以将其改为：

（14）昨天的作业多，却不难。①

2. 主观性不同

语言表达离不开主观性，转折关系也常包含主观取舍。然而，"但"是连词，"却"是副词，副词的主观性无疑高于连词。在可以进行替换的句子中，"却"常

---

① 可见，助动词"应该"也有改变句子焦点的作用。

常附带说话人更多的主观态度和感情色彩。如：

（15）a.他去看了几个朋友，但没去老王家。

　　　b.他去看了几个朋友，却没去老王家。

例（15）中，a 句只是客观陈述事实，b 句则附带了"他应该去老王家而没去"的语义，从而表现出说话人的主观评价义。根据说话人立场的不同，该评价可以是负面的，也可以是正面的。如：

（16）虽然读书生活充满了常人难以忍受的痛苦和艰辛，但他却从未因此止步不前。

例（15）b 句表达了说话人对"他"的"不满"或"谴责"，为负面评价；例（16）表示对他的"赞赏"，则为正面评价。

三、"却"的句法特点和句类选择

（一）句法特点

1. "却"所在的复句大致可以分为两种，一种是前句有让步义，包含"虽然/尽管"等词语，后句用"却"引出对比关系。如：

（17）一种语言的音位的数目虽然只有几十个，却能构成数目众多的组合。

（18）她伸出了自己的手，尽管不能说饱经沧桑，却也是青春已去。

有时前句无"虽然/尽管"，但语义上可以添加"虽然/尽管"，仍有让步义。如：

（19）(虽然/尽管) 有些地区经济发展了，但对教育的发展却产生了负效应。

一种是前句没有让步义，用"却"引出对比项。此时，不能在句中添加"虽然/尽管"，如例（9）~（11）。

如果后句有主语，"却"一般要放在主语之后。这是"却"和"但"在句法上的明显差异。很多学生会忽视这一点，因此出现如例（1）的偏误。但这也不是绝对的，当主语具有周遍义时，"却"也是要放在主语之前的。如：

（20）我家住 6 楼，没有电梯，小伙子们一趟趟上下搬运，都很累，却谁也没有怨言。

例（20）中"谁"表示周遍义，"却"只能用于"谁"之前。

2. 在单句中，"却"可以连接两个具有对比关系的句法成分，"但"没有这一功能。如：

（21）死都不怕的女人却看不开欺骗啊！

（22）文中所说的礼崩乐坏的时代，却是百家争鸣的时代。

（23）在恶劣的环境中，有的人却出污泥而不染，成为很有作为的人。

（24）当西方学者早在六七十年代已经关注中国的城市化过程时，中国却没有人研究这个问题。

例（21）、例（22）的对比项分别在主语和谓语中，例（23）、例（24）的对比项在状语和谓语部分。其中的"却"都不能换作"但"。

（二）句类选择

"但"作为转折连词，句类选择是比较自由的。"却"常见于陈述句，也可用于感叹句和疑问句［分别如例（21）和例（4）］，但一般不用于祈使句。试比较：

（25）a. 大家都能走，但你不能走。（这是命令。）

　　　b. 大家都能走，你却不能走。（为什么？！）

例（25）a 句表示制止，为祈使句；例（25）b 句解读为制止义则不合适，因为它是基于对比义的陈述，可以后附"为什么"表达说话人不解或愤怒的情绪。两个句子的其他成分几乎相同，但表达的语气却是不同的。

28. "他们到底没有感情吗？"为什么不能说？

一、不同的"到底"

首先，我们要区分现代汉语中三种不同性质的"到底"。一是动宾短语，如"坚持到底"中的"到底"；二是时间副词"到底"，有"最后"的意思。如：

（1）争了半天，到底还是他付了钱。

三是语气副词"到底"。它又有两种常见的用法，一种用来"进一步追问"，可直接添加在疑问句中，或用于小句宾语位置。如：

（2）他到底怎么了？

（3）我也不知道到底发生了什么事。

另一种用来指明原因。如：

（4）我们虽然不和，到底是亲戚，我实在不好意思拒绝他。

（5）那时候，这样优秀的人才还能有第二个吗？到底还是洋博士啊！

以上几种情况应注意区分。本节主要介绍语气副词"到底"的语义语用特点。

二、用来追问的"到底"

当说话人想要"进一步追问"某事时，可以在疑问句中使用语气副词"到底"。"到底"可用于特指问句、选择问句和正反问句中，也可用于部分是非问句中，不能用在反问句中。

（一）在特指问句中，当主语是非疑问代词时，"到底"可以自由用于主语前和主语后，也可用于句尾（口语中）。如：

（6）a. 他到底上哪儿去了？

b. 到底他上哪儿去了？

c. 他上哪儿去了，到底？

例（6）中三个句子的主语都是"他"。

当主语是疑问代词时，"到底"不能用于主语后的状语位置，而只能用于主语之前，或用于句尾（口语中）。如：

（7）a.* 什么到底叫流行歌曲呢？

b. 到底什么叫流行歌曲呢？

c. 什么叫流行歌曲呢，到底？

例（7）a 句来自留学生作文，其中"到底"的位置是不对的，应改为 b 句或 c 句（主语都是疑问代词"什么"）。

（二）在选择问句和正反问句中，"到底"常见于表示疑问的"（是）……还是……"和"V 不 V""A 不 A"格式之前。如：

（8）你到底是人还是鬼？

（9）你也说句痛快话，到底同意不同意吧？

（10）你们企业的流动资金到底紧不紧？

"到底"也可以用于主语之前，但这种情况一般见于口语。如：

（11）"哎，到底你妈想不想去？"向南问。

（三）"是非问"是对整个命题的疑问，可以用"是、对"或"不、没有"等作答，或用点头摇头回答。"到底"可以用在带有疑问词"吗"的是非问句中。如：

（12）转基因食品到底安全吗？

（13）最近你的网络小店到底有生意吗？

（14）告诉我，大家伙儿说的事儿，到底是真的吗？

（四）"到底"表示进一步追问，而反问句是"无疑而问"，因此，"到底"不能用于反问句中。如：

（15）a. *法院认为丈夫犯了故意杀人罪，他们到底没有感情吗？

　　　b. 法院认为丈夫犯了故意杀人罪，他们到底有没有感情？

　　　c. 法院认为丈夫犯了故意杀人罪，他们到底有感情吗？

例（15）a 句来自留学生作文，在反问句中使用"到底"是不恰当的。可以将句子改为 b 句的正反问或 c 句的是非问形式。

"到底"所在的不同类型的问句，其焦点位置有所不同：在特指问中，焦点信息是疑问代词；在选择问句和正反问句中，焦点信息是句中的疑问格式；在带"吗"的是非问句中，焦点信息是"到底"后面的疑问部分。

三、指明原因的"到底"

语气副词"到底"在陈述句和感叹句中，都是用来指明原因的［如例（4）和例（5）］。那么，什么时候需要使用"到底"来指明原因呢？我们发现，当说话人为一些在他看来"超出常规预期"的事寻求解释时，才会使用"到底"。如：

（16）看了一会儿，大妈赞赏说："真看不出来呀，你城里的姑娘还会做这一手好针线，纳鞋底纳得比我还快，又密实。到底你妈是教书的，养出来的闺女就是能干。"

（17）这位卫生执勤人员并没有对吸烟人罚款，而是将吸烟人手中的烟头要了过去，扔进了垃圾筒。……那个被制止吸烟的人则说：到底是文明城市，这比罚几块钱令我难忘得多！

例（16）中，大妈发现了"城里的姑娘还会做一手好针线"，在她看来是超出常规预期的事。但她很快找到了合理的解释，并用"到底"来指明"到底你妈是教书的"。例（17）中，"卫生执勤人员并没有对吸烟人罚款"对被制止吸烟的人来说是超出常规预期的，他也为此找到了原因——"到底是文明城市"。

例（16）和例（17）是两个比较典型的用"到底"指明原因的例子。有时候语境中涉及事件的"超常性"不太明显，如例（4）。根据例（4）可以推断，其上文应有"跟我不和的亲戚来向我求助"的语义背景，这对说话人来说是"超出常规预期"的，而"到底是亲戚"是"我不好意思拒绝他"的原因。例（5）所评述的"优秀人才"指的是宋子文，在说话人看来"金融界的宋子文"就是"超出常规预期"的现象，"到底还是洋博士"是对它的"超常性"进行的解释。

有人认为"到底"和"毕竟"很像，因为"毕竟"也用来引出原因，两者有时候可以进行句法替换。但它们的语用目的是不同的：使用"到底"时，所解释的某事是超出说话人预期的，例（16）、例（17）中的"到底"如果换作"毕竟"就不太恰当。

29. "他们三个人毕竟睡不着了，所以一起去山下抬水"为什么不能说？

留学生使用"毕竟"出现偏误的情况是比较多的，以下是两个例子：

（1）*在我们的地球上，毕竟有多少个人挨饿呢？

（2）*他们三个人毕竟睡不着了，所以一起去山下抬水。

很容易判断，这两个句子中使用"毕竟"都不合法。其中，例（1）中的"毕竟"应改为"究竟"或"到底"，例（2）中的"毕竟"改成"因为"也就合法了。如：

（3）在我们的地球上，究竟/到底有多少个人挨饿呢？

（4）他们三个人因为睡不着了，所以一起去山下抬水。

这是为什么呢？下面我们来具体说明"毕竟"的语义和语用问题。

一、"毕竟"与"原因"义

祖人植、任雪梅（1997）概括出了"毕竟"常见的两种语义结构模式，其繁式分别为：Ⅰ（虽然）A+［（但是）B+（因为）毕竟C］；Ⅱ［（虽然）A+（但是）毕竟C］+（因此）B。（见本书第13个问题）第一种结构模式是先列出观点，用"毕竟"引出原因；第二种结构模式则是先用"毕竟"陈述原因，再表明某种结论。可以看出，"毕竟"常处于因果关系语境中，无论在前还是在后，"毕竟"的作用都是引出某种"原因"。王瑞烽（2011）明确提出"毕竟"具有突显原因的作用，这是符合语言事实的。

那么，"毕竟"引出的原因与"因为"引出的原因一样吗？答案是否定的。"毕竟"常常引出某种显而易见的理由，"因为"则不受此限。如：

（5）a. 宪法解释是一种广义上的法律解释。因为宪法是法律的一种，所以宪法解释的原则、方法、程序以及运作的一般原理，都应遵循法律解释的一般规律。

b. 宪法解释是一种广义上的法律解释。毕竟宪法是法律的一种，所以宪法解释的原则、方法、程序以及运作的一般原理，都应遵循法律解释的一般规律。

（6）a. 他们不喜欢讲主体，因为他们道德意识不够。

b. 他们不喜欢讲主体，毕竟他们道德意识不够。

例（5）中"宪法是法律的一种"属于常识，它作为原因，符合"显而易见"的特点。因此，句中的"因为"换作"毕竟"对语义没有太大影响。但例（6）中的"他们道德意识不够"是句子的新信息，不是"显而易见"的，如将"因为"换作"毕竟"，句子语义就发生明显变化，如例（6）b句中的"他们道德意识不够"就成了背景性已知信息，那么在说话人看来，"道德意识不够"就是"他们不喜欢讲主体"的显而易见的理由了。

例（2）之所以不恰当，是因为"睡不着"在句中是新信息。从常理来看，"睡不着"也不是"他们一起去下山抬水"的"显而易见"的理由。从语义上将句子加以修改，也可以提升其合法性。如：

（7）他们三个人<u>毕竟都还是小孩儿（力气不足）</u>，所以就一起去山下抬水。

例（7）中"小孩儿力气不足"是他们"一起去山下抬水"的显而易见的理由，这个句子就成立了。

所谓"显而易见"的理由，大致可以分为两种情况。一种是尽人皆知的常识性道理。我们知道，"毕竟"常常触发常识性语用预设（见本书第16个问题）。如：

（8）董先生是受父亲之托来这里找自己的。长发想到这里心头泛起一点儿温暖的浪花，<u>毕竟是父亲啊</u>，那么多年隔绝两地，还记得自己唯一的儿子呢。

（9）<u>夜市毕竟是夜市</u>，大宗的交易不可能太多，更多的是摊点零星交易，数额不大，忙碌过后的商户不会急于在深夜把钱存到银行。

例（8）中"毕竟"标示的原因是常识性预设"父亲都爱自己的孩子"，例（9）中"毕竟"标示的原因是"夜市具有小市场的特点"。以常识性道理作为原因，无疑属于显而易见的理由。

另一种是客观事实。在说话人看来，该事实作为原因，与相应的结果（结论）之间也存在显而易见的关系。如：

（10）我觉得前面部分可能没完全听懂，而是看懂的，<u>毕竟光盘有字幕嘛</u>。

（11）别看我现在位置挺高，可<u>毕竟当一把手经验不足</u>，也可能会下去，请你认真考虑。

例（10）中，"光盘有字幕"是说话人推断"前面部分是看懂的"显而易见的理由；例（11）中"我当一把手经验不足，也可能会下去"是说话人说出"请你认真考虑"显而易见的理由。

这里的客观事实指的是已经存在的事实，不能是设想的、未然的情况。试比较：

（12）a. 明天可能会下雨，你别去爬长城了。

　　　b. 因为明天可能会下雨，你别去爬长城了。

　　　c.*毕竟明天可能会下雨，你别去爬长城了。

例（12）中的"明天可能会下雨"是说话人设想的、未然的原因，可以由"因为"引出，但不能由"毕竟"标示。

二、"毕竟"的语用特点

（一）使用频率和句法位置

"毕竟"在 CCL 语料库中共出现 14 371 次，是现代汉语中一个高频使用的语气副词。它可以自由地用于单句和复句，并且能够灵活地用于句首和句中。如：

（13）虽然当时不是全国统考，但入学考试难度丝毫不低。<u>毕竟</u>这是有史以来中国人第一回自己培养 MBA，能不高标准、严要求吗？

（14）道德起源的探索应该自人的社会性开始，因为道德<u>毕竟</u>是人的道德，是一种特殊的社会现象。

"毕竟"单用的情况也不少（共 699 例）。如：

（15）那里虽有敌手，但也还有朋友。<u>毕竟</u>，人与动物的最大区别是有感情。

尽管"毕竟"的句法位置比较自由，但因为它总是要附加原因，因此一般不用于句尾。

（二）共现词语

结合两种常见的语义结构模式，在 CCL 语料库中，我们对"毕竟"与转折关系连词以及因果关系连词共现（相隔 15 字以内）的情况分别进行了数据统计。详见表 29-1 和表 29-2。

表 29-1　转折连词与"毕竟"共现数据统计

检索项	但（是）……毕竟	然而……毕竟	可是……毕竟	不过……毕竟
数量	4263	610	250	422

表 29-2　因果连词与"毕竟"共现数据统计

检索项	因为……毕竟	毕竟……所以	毕竟……因此
数量	693	176	124

将表 29-1 和表 29-2 的数据与"毕竟"出现的总频率进行比较可以看出，尽管转折关系和因果关系是"毕竟"常见的结构语义类型，但在更多情况下，"毕竟"所在的语篇中并不一定需要标记词，仅靠上下文便可以呈现语义关系。

（三）句类选择

由于主要作用在于突显某种显而易见的理由，"毕竟"大多用于陈述句，有时用于感叹句，但一般不用于疑问句和祈使句。以下是"毕竟"用于感叹句的情况：

（16）每月给45元钱，于庆成很高兴，这毕竟是一个能发挥他特长的工作呀！

例（1）之所以不对，是因为将"毕竟"用在了疑问句中，其作用也不是标示原因。因此，应将其中的"毕竟"换作其他词语（"到底/究竟"）。

30. "我的钱包终于没有丢"为什么不能说？

"终于""最后"和"总算"在翻译成英语时都有 at last 和 finally 的意思，学生很容易弄混。下面是我们在教学中遇到的留学生使用"终于"时出现的偏误：

（1）*我问了全家，终于买不买的事还是我说了算。
（2）*但如果贷款买房，终于子孙都要再找房子来贷款。
（3）*找了半天，我的钱包终于没有丢。

例（1）、例（2）中的"终于"应该换作"最后"，例（3）中的"终于"应改为"总算"。那么，"终于""最后"和"总算"有什么异同呢？

一、词性和语义

（一）从词性上来看，"最后"是名词，它语义实在，表示时间或次序上在其他项目之后；"终于""总算"都是语气副词，它们表归结，语义虚化，语义环境中还有"经过较长过程/经过较多努力（过程不易）"的意思。三者相比，"终于"和"总算"更为接近："最后"可以与其他词语进行静态组合，"终于"和"总算"不可以。

（二）当语境中存在"经过较长过程/经过较多努力最后出现了某种结果，且该结果与说话人的预期一致"时，用"终于"和"总算"都可以。如：

（4）她不知前面等待她的是什么，但是在人生道路上，她终于自己拔出了泥潭。

（5）安娜3岁时，母亲终于生下盼望经年的弟弟，父亲家族的一脉香烟总算有了传人。

例（4）和例（5）中的"终于"和"总算"可以互换，对句子语义几乎没有影响。如果将其中的"终于"和"总算"换作"最后"，尽管不影响句子的合法性，但会失去说话人想要表达的"不容易"的含义。

（三）"总算"后的命题一般都是说话人希望发生的结果；"终于"后的命题则既可表说话人希望发生的结果，也可表说话人不希望发生的结果；"最后"不包含说话人的主观倾向。如：

（6）王将军去了北门，虽然抓得不够紧张，总算有将领在北门了。

（7）第二天上书的时候，父亲——就是我的先生——就骂，几乎要手心；被母亲和大姐劝住了，终于没有打。

（8）这样一个动人的故事，我立下心愿要为望春抒写。但只限自己才分太浅，几回铺笺，几番搁笔，我终于没有写成。

例（6）中"有将领在北门了"是说话人希望发生的结果，例（7）中"没有打"是说话人希望发生的结果，例（8）中"没有写成"是说话人不希望发生的结果。例（6）、例（7）中的"终于"和"总算"可以互换，但例（8）中的"终于"不能换作"总算"；三例中的"总算"和"终于"都不能换作"最后"。

（四）"总算"后的命题还可表示"可预期的坏结果没有出现"，因此有"庆

幸"之义。这种情况下,"总算"也不能换作"终于"或"最后"。如:

（9）有的嫌我们人数多,有的嫌我们体力不强,最后我们被派到全大队最穷最缺劳力的一个小队。尽管这样,我们还是很高兴,大家<u>总算</u>没被拆散。

（10）据说查出来很多问题,白条儿因此被免了职,调到另一个单位去了,他庆幸自己<u>总算</u>没给抓起来。

例（9）中的"没被拆散"和例（10）中的"没给抓起来"都表示"可预期的坏结果没有出现",说话人用"总算"表示"庆幸"之义,其中的"总算"都不能换作"终于"或"最后"。例（3）"钱包没有丢"是说话人"可预期的坏结果没有出现",因此十分"庆幸",此时应使用"总算"而不是"终于"。

（五）"总算"后附的命题也可用来表示对"希望发生的结果"的"评价"。这大概与"算"有"认作、当作"的意思有关。这时,"总算"都不宜换成"终于"或"最后"。如:

（11）这真是一个了不起的新发现啊!娘,我这个节并没有空过呢,这几天我在大街上没有白跑,<u>总算</u>没有白跑啊!我终于找到了我们长江厂的新产品了!

（12）李子明将侄女搂在怀中,自责过去管她太严,太生硬,导致了她的出走或被人拐骗,觉得对不起她,如今<u>总算</u>上天有眼,使他们不期而遇。

例（11）中"有了新发现"是"这些天我在大街上跑"所希望发生的结果,"没有白跑"表示对这一结果的评价;例（12）中"李子明与侄女不期而遇"是希望发生的结果,"上天有眼"是对这一结果的评价。其中"总算"换作"终于"并非不可成立,但"评价"义便会消失。试比较:

（13）a. ……这几天我在大街上没有白跑,<u>终于</u>没有白跑啊!

b. ……这几天我在大街上没有白跑,<u>最后</u>没有白跑啊!

（14）a. *……如今<u>终于</u>上天有眼,使他们不期而遇。

b. *……如今<u>最后</u>上天有眼,使他们不期而遇。

例（13）a 句中"终于没有白跑"有结果义,无"评价"义;b 句中"最后没有白跑"仅有时间义。例（14）a 句中"上天有眼"为直接评价,前加"终于"可接受度略差;b 句的"最后"和"如今"语义冲突,故 b 句不成立。

《现代汉语词典》（第 7 版）中"总算"的第二个义项为"大体上还过得去",

应当也与"总算"的"评价"义相通。这种情况下,"总算"不能换作"终于",更不能换作"最后"。如:

(15)妈妈不能上来同我说声晚安的那些晚上,她能在我房内待上一会儿,哪怕时间很短,也<u>总算</u>不错了。

(16)他们以为韩愈的文章<u>总算</u>可以了,然而他在义理方面的造就不深;程朱理学<u>总算</u>可以了,然而他们所做的文章却不好。

例(15)和例(16)中的"总算不错"和"总算可以"都表示"大体上还过得去",本质上都是对事件或命题的"评价"。

"总算"表示"大体上还过得去"的评价时,除了"过程不易"的语义之外,还有"并不十分满意"的意味。如:

(17)他总算考上了大学。

例(17)表示"他考上大学不容易",说话人对"他考上的大学"也并不十分满意。

二、句法特点和使用频率

(一)"最后"是名词,它的句法位置相对较多。"终于"和"总算"作为语气副词,也可以自由地用于主语前和主语后。我们考察了 CCL 语料库后发现,当主语为人称代词时,两者都以主语后位置更为常见。具体数据见表 30-1:

表 30-1　人称代词与"终于/总算"共现数据统计

检索项	人称代词+终于	人称代词+总算	终于+人称代词	总算+人称代词
数量	5212	586	192	49

"终于"和"总算"也都可以单用。如:

(18)走过了湖南,走过了贵州,<u>终于</u>,距离云南一天天地近了。

(19)山脚前有一泓泉流,汩汩有声。抬头看看,侧耳听听,<u>总算</u>,我的思路稍见头绪。

(二)在 CCL 语料库中,"终于"出现的频率最高,达 466 112 例。这一数据远远高于"总算"(4346 例),也高于"最后"(101 596 例)。

31. "我宁可生活下去，不如死掉"为什么不能说？

我们在留学生作文中发现了有关"宁可"的如下病句：

（1）*这种竞争对生产者来说很艰难，可是对消费者来说，<u>宁可</u>是欢迎的。

（2）*我<u>宁可</u>生活下去，<u>不如</u>死掉。

例（1）的语义不适合用"宁可"，应改为"却"；例（2）"宁可"和"不如"语义杂糅，如果要使用"宁可"，可以改为"我宁可死掉，也不想这样生活下去"或"这样生活下去，我宁可死掉"。可以看出，出现以上病句的根本原因在于没有弄清"宁可"的语义特点和语用条件。下面我们来进行具体说明。

一、"宁可"的语义特点

"宁可"是表示主观意愿的语气副词，有"选取"义（何宛屏，2001），是当事人基于比较后做出的选择。在句法上，"宁可"用在"选取项"之前，其语义包含以下几个方面：

（一）选取项是基于比较得出的。比较项有时在句法上得到体现，有时隐含在上下文中。如：

（3）那城里的老百姓恨透了他，<u>宁可淹死</u>，也不肯<u>投降</u>。

（4）我倒觉得：与其多个<u>马屁精</u>，<u>宁可</u>多个<u>长舌妇</u>。

（5）婚礼只要庄严不要侈靡，衣服首饰之类，只要相当过得去便够，一切都等回家再行补办，<u>宁可</u>从中节省点儿钱做旅行费。

例（3）中"投降"是"淹死"的比较项；例（4）中"马屁精"是"长舌妇"的比较项；例（5）中没有明确的比较项，但从其上文来看，说话人是将"侈靡的婚礼"和"旅行"做了对比。

（二）选取项和比较项对于当事人而言都不是最好的，"宁可"是"两害相权取其轻"。(何宛屏，2001) 如：

(6) 那时候国产电梯的质量还不行，速度慢、故障多，尽管价格要比合资梯便宜50%，与进口梯相差一倍，许多用户<u>宁可多花钱也不愿买国产梯</u>。但是很快，这种局面就被打破了。

例（6）中，选取项是"多花钱买质量好的合资梯或进口梯"，比较项是"少花钱买质量不好的国产梯"，其中"多花钱"和"质量差"都是不尽如人意的，用户选择的"多花钱"是自认为相对好的选择。

当句子不涉及带有主观倾向性的评价时，一般不用"宁可"。反言之，使用"宁可"会带来说话人的主观情绪：尽管选取项不尽如人意，但对比较项更不满意，所以选择了前者。如：

(7) 我<u>宁可坐火车也不坐飞机</u>。

在面对问题"你坐火车还是坐飞机？"时，常规回答是不能使用"宁可"的。例（7）隐含了说话人的主观态度："坐火车不太好（如比较慢），但坐飞机更不好（如比较贵），所以宁可选择前者。"

（三）意愿是主观的，当事人的选取项不受社会常态评价的影响。所谓社会常态评价，指的是大多数人比较接受的评价标准。"宁可"语义背景中的比较项对于说话人而言都不是最好的，有时可能与社会评价相背离，属于完全个性化的主观选择。如：

(8) 有的人是重视自我享乐的，他们的想法是："<u>宁可自己享用，也不给国家交税</u>。"

(9) 有的负责同志曾大动感情地说："<u>宁可领着孩子拉棍子讨饭，也不能改嫁去姓别人的姓</u>！"

在社会常态评价中，选择"自己享用"而"不给国家交税"是不道德的，而"领着孩子讨饭"应当不如"改嫁"来得容易。例（8）中说话人的选择明显与社会常态评价相悖，例（9）则是在"生活难易"和"节操"之间做选择，都体现出说话人的个性化特点。

二、常见结构式和句法特点

（一）常见结构式

有教材认为"宁可"常用于"宁可……也不……"结构，实际上，"宁可"在很多情况下并不需要与其他结构性的词语搭配。如：

（10）除了利用法制将其惩处之外，这些坐享其成的人总有一天会发现，聪明的人民<u>宁可</u>用机器人来逐步地代替他们。

（11）厂商算了一笔账，为此付出成本太高，<u>宁可</u>主动先治理污染物再排放。这样也实现了负外部效应的内在化。

例（10）、例（11）中只有"宁可"，没有"也"等结构性搭配，但语境中仍有主观比较义，比较项对于动作发出者而言也不是最满意的。

"宁可……也……"结构中，"也"后多为否定式。但不一定直接表现为"也不"，有时候通过词语自身的否定义来表现否定，如例（12）中的"舍不得"：

（12）住地伙房是个四面不透风的席棚，炊事员<u>宁可</u>自己苦一点儿，<u>也舍不得</u>安一个换气扇。

"也"后还可以加语气副词状语。如"决"：

（13）<u>宁可</u>将可作小说的材料缩成速写，<u>也决不</u>将速写材料拉成小说。

少数情况下，"宁可"后也可以是"也没（有）"。如：

（14）当时信阳地区饿死那么多人，并非没有粮食，所属大小粮库都是满满的，但群众<u>宁可</u>饿死，<u>也没有</u>抢过一个粮库。

"宁可"后有时候也可以是肯定式，表现为"宁可……也要/愿意……"。此时，"也"后句表示选取这一做法的目的。（见吕叔湘，1980）如：

（15）一些展会主办单位的负责人表示，<u>宁可</u>不赢利，<u>也要</u>把宣传工作做好，把展会办成功。

（16）许多顾客<u>宁可</u>多跑路，<u>也愿意</u>到"三联"来购货。

有研究发现"宁可"还与"与其""但"等词语搭配，表现为"与其……宁可……"和"宁可……但……"结构，如例（4）和例（17）：

（17）我们做生意要规规矩矩的，<u>宁可</u>慢一点儿，<u>但</u>一定要配好货。

但这两种结构的实际使用频率是比较低的。在 CCL 语料库中，"宁可"词条共出现 2609 次，在限定条件相同（间隔 15 字以内）的情况下，"宁可"用于不同结构式的语料数量见表 31-1：

表 31-1　"宁可"结构式的数据统计

检索项	宁可……也……	与其……宁可……	宁可……但/可……
数量	1087	10	40

（二）句法特点

在句法上，"宁可"大都用于人称代词之后。我们通过考察 CCL 语料库中"宁可"与不同人称代词共现的使用频率发现，"宁可"最常用在"我"之后，其次是"他/她"之后，少数情况下也用在"你"之后。具体见表 31-2：

表 31-2　人称代词与"宁可"共现数据统计

检索项	我+宁可	他/她+宁可	你+宁可	宁可+我	宁可+他/她	宁可+你
数量	343	230	29	15	15	7
合计	| 602			37		

三、语用特点

从语用角度来看，人们使用"宁可"，是要表达当事人"一定要做某事"或"一定不做某事"的决心的。有"决心"，当事人才会在选择时做出"取舍"，宁可做出不完美的选择，也"一定要做/不做某事"。有时，"选取项"并非真实存在，只是说话人的某种极端设想。"宁可"同时也用来传达比较坚定的语气。如：

（18）因为他听了你曾祖父的临终遗言：宁可饿死，也不要经商啊！

例（18）中"宁可饿死，也不要经商"表达了"不经商"的决心和坚定语气，其中"饿死"并非真实存在的"选取项"，只是较为极端的设想。

有时候，"宁可"不与人称代词共现，仅表示说话人的建议。如：

（19）进食过快，不仅不利于消化和吸收，更易使食物误入气管。因此饮食要慢，慢慢嚼、慢慢咽，<u>宁可</u>少量多餐，<u>也不</u>可暴饮暴食。

比较："宁可"与"宁愿""宁肯"

与"宁可"相似，"宁愿""宁肯"也是意愿义语气副词，它们更突显说话人的"愿意"。"宁愿""宁肯"也都常与"也"共现，但三者相比，"宁可……也……"出现最多，"宁愿……也……"次之，"宁肯……也……"最少。表31-3是我们在CCL语料库进行的部分数据筛选结果①，整体而言，三个词语的使用数量都不少。

表31-3 "宁可/宁愿/宁可……也……"的数据统计

检索项	宁可……也……	宁愿……也……	宁肯……也……
数量	1087	728	368

32. "我干脆懂了"为什么不能说？

语气副词"干脆"是一个教学难点，学生出现的偏误比较多。我们在学生作业中看到下面的偏误：

（1）*要考过HSK5，玛丽<u>干脆每天努力学习</u>。
（2）*老师讲了很多遍，我<u>干脆懂了</u>。

这两个句子中，"干脆"的句法位置是没问题的，错在对"干脆"的语义没有弄明白。那么，为什么"干脆每天努力学习"和"干脆懂了"都不能说呢？

---

① 限定条件为："宁可/宁愿/宁肯"与"也"之间不超过15字符。

一、多个选项与极端性选择

人们使用"干脆"首先是针对某个事件而言的,这个事件包含或隐含多个可能的选项,各选项之间存在递进关系,"干脆"用于最后一项选择,即在当事人或说话人心中具有某种极端性的选择之前。"干脆"的字面义还带来了当事人选择的"果决性"。如:

(3)刚开始输了我当场给钱,没钱就去偷我娘和家珍的首饰,连我女儿凤霞的金项圈也偷了去。后来我<u>干脆</u>赊账,债主们都知道我的家境,让我赊账。

(4)一位女代表为能把发言者的讲话听得更清楚,<u>干脆就坐在扩音器旁的地上</u>,边听边记。

例(3)中的主题事件是"输了钱以后怎么办","我"做出了多个选择,分别是"当场给钱""偷我娘和家珍的首饰""偷女儿的金项圈"和"赊账",各选择之间存在递进关系,越来越过分。其中,"赊账"在当事人心中具有极端性,"干脆赊账"体现了"干脆"的典型语义环境。例(4)中的主题事件是"要听清楚发言",根据常理,"女代表"可以有多种选择,但其他选项隐含在了语义背景中,句子只呈现了在说话人看来具有极端性的选择"坐在扩音器旁的地上"。例(1)之所以不对,是因为"每天努力学习"在该语境中不与其他选项构成递进关系,也不具有极端性。

二、选择的自主性

既然"干脆"用来表示当事人的主动选择,其后附动词必须是当事人可以控制的行为,如例(3)、例(4)中"赊账""坐在扩音器旁的地上"都是可控的。"干脆"后还常见一些具有主观"处置义"的句式。如"把"字句:

(5)我不忍心看它被宰掉,便离开晒场继续往新丰去。走着走着心里总放不下这头牛,它知道自己要死了,脑袋底下都有一滩眼泪了。我越走心里越是定不下来,后来一想,<u>干脆把它买下来</u>。

例(2)之所以不对,是因为"懂"是一种认知状态,不具有可控性。一般来说,非自主动词都不能与"干脆"共现,如"知道""有""是""病了""丢了"

等。但有时候，非自主动词与"干脆"共现也可以表示说话人的主动选择。如：

（6）若不能明白，则还不如不活，那就干脆死了吧。

（7）女性应该善待自己，正视自己的职业问题，如果不能解决就干脆忘记。

例（6）中的"干脆死了"是"干脆去死"的意思，例（7）中的"干脆忘记"是"干脆忽略不计"的意思，它们都具有可控性。

三、"干脆"和"索性"一样吗？

在教学中，教师还会遇到"干脆"与"索性"的辨析问题。这两个词在语义和语用上有很多共同点，例（3）～（7）中的"干脆"换作"索性"都不影响句子成立。史金生（2003b）认为"索性"的语段通常包含下面一些要素：A. 先行行为/预期行为；B. 原因/条件；C."索性"行为。"索性"完整的语义结构模式为：（先是）A +［（但是）(因为) B +（所以）(就) 索性 C］。例（8）、例（9）比较完整地体现了这一语义结构模式：

（8）秋江小姐先是在他的背上咯咯地笑，笑着笑着就哭了，哭着哭着就出溜下来要自己走，走了几步滑了个大趔趄，索性就坐到泥窝里。

（9）我旧瘾复发，开始抽起烟来。先是躲着抽，后来被妻子发觉了，索性公开抽。

仅就例（8）和例（9）而言，其中的语义结构模式对于"干脆"也是适用的。例（8）中，A 段为"在他的背上咯咯地笑"，B 段为"走了几步滑了个大趔趄"，C 段为"坐到泥窝里"。例（9）中，A 段为"躲着抽"，B 段为"被妻子发觉了"，C 段为"公开抽"。其中"索性"换作"干脆"也都是成立的。

在句类选择上，"干脆"和"索性"也具有共性特点：不与选择疑问句共现，也不与具有选择义的小句宾语共现。如：

（10）a.* 干脆/索性杀不杀他们？

　　　b.* 你干脆/索性告诉他你喜不喜欢他。

在句法位置上，"干脆"和"索性"都更常见于小句句首或主语后，较少出现于主语前。两者都不常单用，但也不绝对。在 CCL 语料库中"干脆"单用的情况有 48 例，"索性"单用出现 4 例。如：

（11）这些天来，他一直在琢磨着解决问题的方案。夜里，睡不着觉，干脆，穿上衣裳，推上他的那辆破自行车，顶着一路寒风，叩开了老板的门。

（12）他渐渐变得暴躁无比，因为他的作品一篇也发表不了。沉不住气的结果是：一不做二不休，索性，去挣钱！

但"干脆"和"索性"也并不是完全等同的。从词性上来看，"干脆"有形容词和语气副词两种词性，做形容词时，可以说"很干脆、十分干脆"；而"索性"只是语气副词。此外，很多母语者会觉得"索性"比"干脆"更常见于书面语，但也有人认为"索性"多用于口语[①]。我们在CCL语料库中发现，"干脆"和"索性"都可以跟"把"和"将"共现（其中"干脆把"462例，"干脆将"89例；"索性把"163例，"索性将"58例），说明两者的语体差异并不十分明显。整体而言，"干脆"（语气副词）比"索性"更为常用。

对于"干脆"和"索性"的语义差异，赵万勋（2015）的观点可供参考。他认为"干脆"是对"拖泥带水"的否定，"索性"是对"约束、顾忌"的否定。两者相比，"索性"后附动作更具"彻底性"。如：

（13）我去了之后，你好清静，不但留姑妈吃晚饭，还可以留她过夜呢。或者干脆搬到她家去，索性让她养了你罢，像小波一样。

例（13）中"让她养了你"和"搬到她家去"相比更具彻底性。

此外，"索性"后的动词都是动作动词，非动作动词只能用于"干脆"后。如：

（14）这家酒楼在一个多小时内赶上了5次断电，后来干脆没电了。

（15）他吃水蜜桃，耐心地撕皮，还说："桃子为什么不生得像香蕉，剥皮多容易！或者干脆像苹果，用手帕擦一擦，就能连皮吃。"

例（14）、例（15）中的"没电了"和"像苹果"都不具有自主可控性，其中的"干脆"都不宜换作"索性"。

[①] 见王自强编《现代汉语虚词词典》。

33. "千万没想到"为什么不能说?

"千万"和"万万"都由数词组成,都包含"万",在表示劝阻义时还可以替换,因此,学生在学习中常会忽视两者的差异。以下是学生在使用"千万"和"万万"时出现的病句:

(1)*<u>千万</u>你们别担心,你们的女儿有能力,外貌也相当于演员呀!

(2)*我绝对不做任何亏心事,任何损害我最爱的您们的荣幸与名声(的事),并<u>万万</u>不做那些侮辱自己的事。

(3)*我<u>千万</u>没想到会发生这样的事。

例(1)错在句法位置,"千万"应放在"你们"之后;例(2)应将"万万"改为"一定";例(3)中的"千万"则应改为"万万"。那么,"千万"和"万万"什么时候可以互换,又各有哪些特点呢?

一、相同之处

(一)表示指令

"千万"和"万万"都常用在祈使句中加强"指令"的语气,且所示的"指令"一般都是否定性的。这是两个词语共同的语义语用特点。表现在句法上,它们都可以后附"不能""不可""不要""别"等否定性词语,表示"劝阻"性指令。如:

(4)当鱼刺卡在嗓子里时,<u>千万不能</u>让其吞咽大块馒头、烙饼等食物。

(5)我们<u>万万不能</u>阻止他们和朋友们交往。

(6)这是个关系大局稳定的重要问题,<u>千万不可</u>掉以轻心。

(7)"三防一保",重在防范,这是血和泪的教训,<u>万万不可</u>掉以轻心!

例(4)~(7)中"千万"和"万万"都是可以互换的,只是两者相比,"万万"的语气更强一些(《学汉语》编辑部,2012)。

（二）表示主观愿望

"千万"和"万万"还都可以用在说话人"主观上不希望某事发生"的场景。在这种情况下，它们后面的共现动词是非自主动词，如"死"和"生病"等：

（8）他们边走边呼唤："好人啊，你千万不能死！"

（9）队伍还需要你来打旗呢，你万万不能死去。

（10）我说两句啊，最近咱们活儿多，天又热，大家一定要注意休息，多喝水，千万别生病。

（11）鸿渐和衣倒在床上，觉得房屋旋转，想不得了，万万不能生病，……

例（8）～（11）中，"千万/万万不能死""千万别生病/万万不能生病"都表示说话人的主观愿望。

（三）常见于主语后

我们以人称代词"你""我""他"做主语为例，考察了CCL语料库中"千万"和"万万"的常见句法位置，具体见表33-1：

表 33-1　人称代词与"千万""万万"共现数据统计

检索项	数量	检索项	数量	检索项	数量	检索项	数量
你千万	572	你万万	14	千万你	3	万万你	0
我千万	32	我万万	80	千万我	1	万万我	1
他千万	45	他万万	115	千万他	0	万万他	0

由表33-1可以看出，"千万"和"万万"大多情况下都用在人称代词主语之后。

二、不同之处

（一）语义侧重

从表33-1还可以看出，在第二人称代词"你"之后，"千万"语料的数量明显多于"万万"。这表明，在向对方表示指令时，一般会优先使用"千万"（使用"万万"时，表示的语气更强）。"万万"更多出现在"他"和"我"之后，且后接词语绝大多数都表现为"没想到 / 想不到 / 没料到"等。如：

（12）他万万没想到门边还蹲着一个人，是那人的呻吟暴露了他自己。

（13）我万万想不到一个是我从小就仰慕盛名的老前辈会如此谦逊。

尽管"千万"和"万万"存在语义交叉，但两者的分工还是比较明确的。

（二）共现词语

"千万"和"万万"尽管都可以与"不能 / 不可 / 不要 / 别"等词共现，但两者的选择倾向有所不同。在 CCL 语料库中，"千万"后使用频率较高的否定性格式依次为："不要 X"＞"别 X"＞"不能 X"＞"不可 X"＞"X 不得"（"＞"表示"频率高于"）；它很少与"不行""不许"共现，不与"不准"共现。"万万"最常见的搭配格式为"不可 X"＞"不能 X"＞"X 不得"，它很少与"不行""不要""不许""别"共现，不与"不准"共现。具体见表 33-2 和 33-3：

表 33-2 "千万"表"指令"且与否定词语共现数据统计[①]

检索项（千万+）	不要 X	别 X	不能 X	不可 X	X 不得	不许 X	不行	不准
数量	1980	1655	891	336	63	4	2	0
总计	4931								

表 33-3 "万万"表"指令"且与否定词语共现数据统计

检索项（万万+）	不可 X	不能 X	X 不得	不行	不要 X	不许 X	别 X	不准
数量	209	187	85	14	13	6	2	0
总计	516								

---

① 表 33-2 和表 33-3 中"X 不得"的 X 必须出现，其他格式中的 X 都可省略。由于表示祈使的"千万别 / 不 X"和"万万别 / 不 X"用于"是……的"句时具有陈述性，表 33-2 和表 33-3 中所列语料数量剔除了其中用于"是……的"句的情况，其中包括"是万万不能 X 的"84 条、"是万万 X 不得的"42 条、"是万万不可 X 的"39 条、"是万万不行的"17 条、"是万万不准的"1 条；"是千万 X 不得的"6 条、"是千万不可 X 的"4 条、"是千万不能 X 的"6 条。

从表 33-2 和表 33-3 中的语料总数也可以看出，在与否定词语共现表示"指令"时，"千万"和"万万"的语料数量差距十分明显，"千万"明显多于"万万"。此外，两个表格还具体反映了"千万"和"万万"语义强度的不同。"祈使句"大致包括两类语义：一类是命令、禁止，一类是请求、劝阻（黄伯荣、廖序东，2017）。其中，语义强度由弱到强依次为：请求＜劝阻＜命令＜禁止（"＜"表示"语义强度弱于"）。与"千万"和"万万"共现的词语也大致表现出这样的语义序列："不要 X / 别 X"＜"不能 X / 不可 X / X 不得"＜"不行 / 不许 X"＜"不准"，其中"千万"主要表示"请求""劝阻"类指令，而"万万"主要表示"劝阻"类指令，两者都较少表示"命令"，基本不表示"禁止"。这也说明，两者都具有较强的交互主观性。

（三）句类选择及其特点

1. 祈使句

在否定性祈使句中，"千万"还可以重叠或叠加使用，"万万"没有这样的用法。如：

（14）我赶紧跑出来，叮咛他和小夏谈话时，千千万万不要说我去负责展览的事。

（15）我告诉你一件事，你可千万千万别告诉别人，一定保密，你发誓。

例（14）、例（15）中的"千千万万"和"千万千万"与"千万"相比，语气都有所加强。

"千万"还常见于肯定性祈使句，表示说话人对听话人的劝告或嘱咐。一般认为这种情况下不能使用"万万"，但也不是绝对的（在 CCL 语料库中，"千万要"出现 282 例，"万万要"用于祈使句有 3 例）。如：

（16）对于眼睛正常的姑娘，手术前千万要慎重考虑。

（17）你要慎重地选择你称心如意、值得你爱的人，万万要慎重考虑……

和例（16）相比，例（17）劝告或嘱咐的口气更为恳切。

2. 陈述句

"万万"更常见于否定性陈述句，"千万"则很少用于陈述句。CCL 语料库中"万万没（有）"共有 669 例（高于表"指令"的数据），集中表现为"万万没（有）想到/料到/料及/预料到/料想到"（665 例），其中"万万没（有）想到"出现频率最高（567 例）。如：

（18）女儿<u>万万没有想到</u>，她那操劳一生的妈妈，就这样与世长辞了。

（19）访问结束，客人们向吴教授伸出大拇指说："我们<u>万万没想到</u>，中国还有这么一块黄金地。"

"是万万 X 不得的"（共 43 例）表示陈述，也是"万万"用于陈述句的常见搭配。如：

（20）那种认为赢了一场就可以放松一下的思想是<u>万万要不得的</u>。

"千万"一般不用于陈述句。即使用于"是……的"结构，仍有祈使语气。如：

（21）在近代的世界，败仗<u>是千万不能打的</u>。

（22）腐烂的奶白菜硝酸盐会转变成对人体有害的亚硝酸盐，误食会有中毒症状，所以，腐烂的奶白菜<u>是千万不可以吃的</u>。

34. "我并不去"为什么不能说？

"并"作为语气副词不能用于肯定句，只能用于否定句。请比较下面两组句子：

（1）a. 我不喜欢他。

　　b. 我<u>并</u>不喜欢他。

（2）a. 我没有生气。

　　b. 我<u>并</u>没有生气。

不少人认为，"并"是用来"加强语气"的，即以上两例中的 b 句与 a 句相比，语气都比较强。但这样说其实并不确切（见陆俭明、马真，1985），因为有时它也被用来缓和语气。如在劝解场景中：

（3）a. 小王，你这样做不好，你应该想一想老板的意见。

　　　b. 小王，你这样做并不好，你应该想一想老板的意见。

例（3）中b句与a句相比，"并"显然有缓和语气的作用。既能"加强语气"，又能"缓和语气"，显然是矛盾的。

此外，需要注意的是，并非所有的否定句都可以用"并"。如：

（4）a. 我不去。→*我并不去。

　　　b. 你不要去。→*你并不要去。

那么，怎么来理解"并"的语用功能和特点呢？

一、"并"表示"辩解"

实际上，人们使用"并"常常是用来辩解的[①]。有两个方面的证明：一是在含有"并不/没"的小句前后，常出现"申辩、辩解、分辨"等字样。如：

（5）我只好申辩，这并不是我的编造。

（6）范英明冷冷地转过身盯住唐龙看："你笑什么？这有什么好笑的？你觉得特别好笑是吧？"唐龙辩解道："我并没有笑。"

二是"并"多见于"并不是A，而是B"句式中，该句式本身就有辩解的意味。根据我们在CCL语料库中的粗略统计，A在15字以内的语料多达3953条，这可以有力地证明"并"的辩解目的。如：

（7）人们创造自己的历史，但是他们并不是随心所欲地创造，而是在直接碰到的、既定的、从过去承接下来的条件下创造。

（8）案例教学的目的并不是给学习者一个标准答案，而是培养学习者学会在实践中处理问题的能力。

例（7）和例（8）都有分辨的意味，都是用"并"来否定A、肯定B的。

二、"并"否定的内容

那么，"并"通过否定什么内容来实现辩解的目的呢？在例（6）中，"我并

[①] 温锁林（2010）指出，"并"的语用否定都是辩解式否定，"并"表达的是申辩口气。

没有笑"否定的是"你笑了","你笑了"既可以是对方的质问"你笑什么?"的预设,也可以看作是对方持有的观点。例(7)和例(8)中"并"否定的内容分别为"随心所欲地创造"和"给学习者一个标准答案",两者都是在说话人看来已有的观点,也可以说是说话人认定的预设。

在交际中,"并"也常用来对说话人认定的"听话人持有的观点"进行否定。如:

(9)老傅:……这个整容手术,千万做不得啊。万一要是做坏了,哭都来不及。

和平:万一要做好了呢?

老傅:做好了又怎么样?啊,<u>外表美并不重要,重要的是心灵美</u>。

(10)圆圆:刚才我小姑,上飞机舱前留给我一封信,让我到家念给你们听……亲爱的爸爸、大哥、大嫂、圆圆,有一件事我必须向你们说明,<u>孟朝阳并不是我的男朋友</u>,(众人吃惊,孟朝阳表情凝固)是我扯的谎,……

例(9)中"并"否定的是"外表美很重要",这是老傅认为和平持有的观点;例(10)中,小姑用"并"否定"孟朝阳是她的男朋友",这也是她认为大家持有的观点。从上下文来看,两句都是为了辩解的。

"并"还可以直接否定对方的观点来表示反驳。如:

(11)燕红:把他交给你,我也该放心了。说实话,看着你们俩这么美满、<u>这么般配</u>,我这份儿高兴!志新,只要你得到了幸福,我也就幸福了……

晶晶:(扶住燕红的双肩)不!<u>我和他并不般配</u>。大姐,其实你和他才是最般配!

例(11)中"并不般配"是对燕红言语中"你们俩这么般配"的直接否定。

总的来说,从说话人的角度出发,使用"并"是要有针对性地否定某个观点,以实现辩解的目的。该观点可以是对方明示的,也可以是话语中隐含的,但都是说话人认定已经存在的。

三、需注意的情况

在不存在辩解意图的否定句中，一般不能用"并"。"并"还具有述实性（温锁林，2010），它是对已有事实进行辩解的，如果不是事实，就不能使用"并"进行辩解。比如前文例（4）中的 a 句"我不去"是未发生的事，b 句"你不要去"是祈使句，两者都不是已有事实，其否定式用"并"就不合适。但"他不想去"是他已有的打算，属于已有事实，就可以用"并"进行否定：

（12）他不想去。→他并不想去。

此外，"并"常常加"没"表示否定，进一步表明它是对已有事实（或观点）进行辩驳的。我们在 CCL 语料库中发现，"并没（有）"常见于转折复句的后句，这正是句子的语义重心位置。"但（中间不多于 15 个字）+并没（有）"的语料多达 5753 条，这一语义模式也符合"辩解"的语义特点。如：

（13）钟表进入中国有很长的历史了，早在 16 世纪传教士便把它们带到中国。但是钟表的传入，<u>并没有</u>改变人们的时间观念，中国人基本把钟表视为一种玩具。

（14）欧元正式启动后，虽然对美元构成了一定的挑战，<u>但并没有</u>从根本上动摇美元储备货币的主导地位。

既然"并"是用来辩解的，例（1）b 句、例（2）b 句的语用目的也就清楚了，"我并不喜欢他"和"我并没有生气"，都可以追加"你不要误会"的语义。在不同的语境中，"并"既可以加强语气，也可以缓和语气。

35. "她简直漂亮"为什么不能说？

"简直"是一个偏误率较高的语气副词，留学生在使用中会出现下面的偏误：

（1）*她<u>简直</u>漂亮。

（2）*我们一辈子结束的时候<u>简直</u>后悔。

（3）*过了 30 分钟我的菜还没来，我气得<u>简直</u>叫老板来了。

根据语感我们知道，例（1）、例（2）都应当改为相应的高程度义表达："简直漂亮极了""简直后悔死了"；例（3）应删除"简直"，改为"我气得把老板叫来了"，或仍使用"简直"，改为"简直想叫老板来"。那么，应当怎么概括"简直"的语义语用特点？"简直"常见的共现成分都有哪些类型呢？

一、语义语用特点

（一）夸张性

"简直"常用来表达说话人强烈的主观认识和感受，句中包含"程度高于事实本身"的语义，带有明显的夸张色彩。如：

（4）走进他的"破笔斋"，举目四望，我简直惊呆了！

（5）有一种气体使我呼吸困难，皮肤紧缩，我当时感觉身体简直就要爆炸了。

例（4）中"简直惊呆了"夸张地表达"我吃惊的程度"之高，例（5）中"就要爆炸了"极力表达"我身体的难受程度"，都带有明显的夸张色彩。例（1）和例（2）不对，因为"漂亮"本身不带有夸张义，"后悔"也只是对当事人心理感受的客观陈述；但"漂亮极了"和"后悔死了"都增加了明显的夸张色彩。

有时候，词语本身的夸张义不太明显，但用在"简直"句中，夸张性会明显增强。如：

（6）她经得起，是因为她自尊。简直很难想象，在这样粗暴的对待中，还能存有多少自尊。

例（6）中"很难想象"本身不具有明显夸张义，但"简直很难想象"夸张地表达了说话人对"她"的极度同情。例（3）之所以不对，是因为"叫老板来了"只是陈述事实，而"想叫老板来"是一种设想，在特定的场景中，这种设想也带有了"夸张性"。

（二）评价性

"简直"句具有评价性。它不是用来陈述事实本身的，而是用来对事物或命题进行主观评价的。具体表现为两种，一是表达对事物的主观认识。如：

（7）我们不移民，也不鼓励通商，<u>简直是得不偿失</u>。

（8）有些学校没有一台计算机，也不上计算机课，却也要让学生买计算机教科书，<u>简直让人哭笑不得</u>。

例（7）的"得不偿失"是对"我们不移民，也不鼓励通商"的评价，例（8）的"让人哭笑不得"是对"有些学校没有计算机，不上计算机课，却要让学生买计算机教科书"的评价。

二是表达强烈的自我感受。主观认识关注的是客观事实，自我感受关注的是说话人自己。"简直"常用来表达说话人对自身感受的夸张性评价。如例（5）和例（9）：

（9）我<u>简直</u>不敢相信自己的眼睛了：多美的环境啊！

例（5）极力表达说话人"身体的难受程度"，例（9）夸张地表达"环境的美"带给说话人的强烈感受，两句都具有评价性。

二、常见的共现成分

根据语言事实，"简直"的典型共现成分大都包含了夸张性和评价性。主要有以下几类：

（一）"简直"+"是……"

（10）对他们来说，这15万元<u>简直是九牛一毛</u>，唱红后却可以给他们带来无法估量的财富和更大的名气。

（11）京九铁路要提前两年铺通，这对负责勘测设计工作的铁道部第三、第四勘测设计院来说，<u>简直是"兵临城下"，"大军压境"</u>。

（二）"简直"+"像……（一样）"

（12）当接到通知，她得带着11名下岗女工去生活服务公司做馒头时，她<u>简直像做梦一样</u>，不相信自己的耳朵。

（13）他只知道日复一日地沿袭着自己的时间表，简直像一部最精确可靠的机器。

（三）"简直" + "成了……"

（14）在王祥言家庭院里，我还看见他养了许多兔子、小狗、狐狸等动物，简直成了小小动物园。

（15）这哪像搞对象的呀，简直成了查户口。

（四）"简直" + "太 + 形容词 + 了 / 形容词 + 极了 / 形容词 + 死了 / 形容词 + 得……"

（16）她心满意足地说："能得铜牌我简直是太高兴了。……"

（17）昨天晚上我读了这篇小说，觉得简直可怕极了，……

（18）听说我这个月的钱攒着跟下个月一起发，我简直悲痛死了！

（19）这成什么样子！这些人都是谁？这屋子里简直热闹得都像养兔场了。

（五）"简直" + "比……还 / 都 + 形容词"

（20）舞美历来是隐身幕后、名不见经传的小角色，若想借此成名立万，简直比登天还难。

（21）他呀，看得出，那发自内心的高兴劲儿，简直比娶媳妇的新郎都激动。

（六）"简直" + 形容词

（22）结婚一个月便离婚，简直荒唐！

（23）你敢来分他的肥，想歪了心，简直天真！

（24）试图将两种不同的物质依靠他自己的力量团在一起，在我看来简直可笑！

（七）"简直" + 了

（25）早上的芭蕾课上得我好想哭。哎，简直了！！！我不知道说什么好了。

以上几种共现成分中，（一）~（五）自身都具有一定的夸张性和评价性；（六）为光杆形容词，"荒唐""天真""可笑"本身带有评价性，但不具有夸张性，它们与"简直"共现时，一般用于感叹句而非陈述句。例（1）如果改为感叹句（如"她简直漂亮！"），可接受度也会明显增强。（七）"简直了"是一种省略式表达，集中体现说话人的强烈情绪，也常用于感叹句。

36. "反正你愿不愿意"为什么不能说？

一般认为，"反正"句含有"情况虽然不同，但结果没有区别"的语义，用来表达说话人对相关命题明确、坚决的主观态度。从留学生的使用情况来看，"反正"的偏误类型较多，有的是明显没有弄清楚"反正"的句法位置。如[①]：

（1）*<u>反正</u>你愿不愿意，为了提高自己的能力，你应该在中国找工作。

（2）*那个聚会已经很多人参加了，<u>反正</u>你去不去没关系。

根据语感，这两个句子应当分别改为：

（3）不管你愿不愿意，<u>反正</u>为了提高自己的能力，你应该在中国找工作。

（4）<u>反正</u>那个聚会已经很多人参加了，你去不去没关系。

有的"反正"句不太符合语感，但是追加一些相关内容之后，合法性就会得到提高。如：

（5）a. *虽然父母的想法当中也可能存在一些不符合现实的地方，可他们<u>反正是过来人</u>。

　　 b. 虽然父母的想法当中也可能存在一些不符合现实的地方，可他们<u>反正是过来人</u>，听听他们的建议总是有好处的。

此外，例（5）a句的错误应当也与"反正"的句法位置有关。那么，"反正"的句法位置有什么特点呢？下面我们结合其所处的复句类型来进行说明。

[①] 例（1）和例（2）转引自黄晓红（2015）。

一、用于条件关系复句的后句

"反正"常见于条件关系复句的后一分句,其前一分句包含"任意条件"的语义,如使用"不管""无论"等连词,或一些联合短语,如"谁 X 谁 Y""爱 V 不 V"等。"反正"小句包含"条件变化不影响结果成立"的语义,用来突显说话人对相关话题明确、坚决的观点和态度。如:

(6)列车员说:"不管规定不规定,反正谁不买橘子,谁就不能上车。"

(7)无论她怎样倔强、怎样厉害,反正她是他的女儿,他总有办法惩治她。

(8)这活儿吃力不讨好,又没啥实惠,谁愿干谁干,反正我是不干。

(9)她爱叫什么叫什么,反正她名字上不了正册。

例(6)、例(7)中,前一分句"不管规定不规定"和"无论她怎样倔强、怎样厉害"表示"任意条件","谁不买橘子,谁就不能上车"和"她是他的女儿"都是"不变的结果","反正"在句中的作用是将结果明确、坚决地突显出来。例(8)"谁愿干谁干"和例(9)"爱叫什么叫什么"同样也表达"任意"语义,"我是不干"和"她的名字上不了正册"是"不变的结果","反正"突显了说话人明确、坚决的观点和态度。

在这种情况下,"反正"句都是用来传达新信息的,"反正"所在的小句都是说话人着重表达的内容。

二、用于因果关系复句的前句

因果关系又可以分为说明和推论两个类别。其中说明类以"……因此……"和"因为……所以……"为代表,推论类以"既然……就/还是/那么……"为代表。"反正"也常见于这两种类型的因果关系复句,用在表示"原因"的部分。如:

(10)夏小丽跑的那条线坐车的净是有月票的,买零票的不多,反正也超不了指标,所以她懒得卖票。

(11)不少选民认为反正谁上台都一样,因此干脆不去投票。

(12)我想起一件事,反正睡不着,就来找你商量一下。

（13）在这种思想支配下，老东山放宽了对侄女的约束，心想<u>反正过不了几年，她就成别人的人了</u>，还是不惹她的好。

与"因为"和"既然"相比，"反正"突显两方面的内容：一是突显主观性，"反正"后的原因是说话人主观认定的；二是突显决断性，"反正"句的语势是比较强的。例（10）～（13）的原因"超不了指标""谁上台都一样""睡不着""过不了几年，她就成了别人的人了"都是说话人主观认定的原因。"反正"与"因为""既然"相比，更突显主观决断性。

在例（10）～（13）的因果关系复句中，"反正"位于前一分句，它引出的原因对于说话人来说都是已经认定的旧信息，结果部分才是说话人着重表达的内容。例（5）a 句之所以别扭，是因为整句语义并不在于突显"他们是过来人"，而是在于说明"父母的想法是有用的"。因此，例（5）b 句添加表示"推论性结果"的附加句"听听他们的建议总是有好处的"，句子的合法性就明显提高了。

当然，因果关系也可以是"结果"在前、"原因"在后。例（10）～（13）中的"反正"小句都可以调整到相应的结果句之后，但"反正"都在表"原因"的部分。再如：

（14）不洗就不洗吧，爸爸妈妈照样稳坐钓鱼台，他们只管煮饭，洗碗的事情就交给小雨，没有碗或者碗不干净，那就等着好了，<u>反正一时半会儿饿不坏</u>。

例（14）中，"反正一时半会儿饿不坏"表示原因，"那就等着好了"表示相应的推论。

需要指出的是，即使在因果关系中引出"原因"，"反正"仍隐含"条件变化不影响结果成立"的语义。拿例（12）、例（13）来说，例（12）的"反正睡不着"隐含"不管怎么样，就是睡不着"的语义；例（13）的"反正"句则隐含"无论约束侄女还是不约束侄女，过不了几年，她都成了别人的人"的语义。对于说话人来说，这种隐含的语义都属于旧信息。

三、"反正"的其他用法

除了用于条件关系和因果关系复句之外，"反正"还可以用来表示"总结"，以及用作话语标记。

（一）表示总结

"反正"的这种用法与"总之"类似。如：

（15）事后米粉陈回忆，也不知因为什么吵。反正就吵起来了。

（16）他回到家里，不是打电话，就是和人谈话，反正家里也是他的办公室，住哪儿还不一个样。

例（15）表示说话人对"吵起来"的原因不清楚也不在意，只是为了强调"吵起来了"；例（16）用"不是……就是……"列举了两种情况，意在得出"家里也是他的办公室"的结论。与"总之"相比，"反正"更突显主观性。

（二）用作话语标记

在口语中，"反正"也用作话语标记。如：

（17）我妈他们也从这儿住着，反正，反正也挺什么的，反正就是，反正我姥爷，反正说咱家确实真正的老北京人儿，反正我姥爷那时候到我们这辈儿都七辈儿了……

在这种情况下，"反正"句只是表达说话人对所述事实的确认。

37. "固然"用于复句后句为什么不对？

请看留学生作文中使用"固然"的两个句子：

（1）*每当出了什么事，你们不是批评和吓唬我，而是鼓励我。固然有时我被你们打的。

（2）*我认为，城市生活固然是逃不开的，因为我们必须谋生。

这两个句子都使用了"固然"。根据母语者的语感，两个句子都不太恰当，那么，其原因是什么？"固然"有哪些语义语用特点呢？

一、复句类型

"固然"常用来"承认某种事实",因此我们也将其归为表"确认"的语气副词。在使用中,"固然"有着较为固定的复句类型。它常用于转折复句的前句,后附小句常有转折义。具体而言,可以分为以下几种情况:

第一种是"A 固然 C,但是也 D",C 和 D 是 A 的不同方面,或有相反的关系。如:

(3)我总以为,追求完美固然是一种极高的品德,但是也给人间留下了许多遗憾。

例(3)中"极高的品德"为积极义,"留下了许多遗憾"为消极义,它们是"追求完美"的不同方面。

第二种是"A 固然 C_1,但是 B 也 C_2", C_1、C_2 有类同关系。如:

(4)体态臃肿、大腹便便固然有碍雅观,然而盲目减肥也对健美有害无益。

例(4)中"有碍雅观"和"有害无益"都是消极评价。

第三种是"A 固然 C_1,但是(如果/只要)……,A 就 C_2 了",其中 C_1、C_2 有相反的关系。如:

(5)受到大众喜爱,这固然是好事。但是如果他们把这些看成是摆谱的资本,从此即以大腕自居,牛气冲天,习惯于被捧着、哄着而招摇过市,这便是十分浅薄的了,其艺术生命则难于久远。

例(5)中 C_1、C_2 分别为"是好事"和"是十分浅薄的",两者分别是积极评价和消极评价。

第四种是"A 固然 C_1,但是更 C_1 的是……"。如:

(6)集中的专项斗争固然重要,但是更重要的是要加强经常性的管理工作。

第五种是"A_1 固然 C_1,但是 A_2 不是 C_2",其中 A_1 和 A_2 相关,C_1 和 C_2 不同。如:

(7)降价或者免费固然是一个吸引用户的手段,但是在竞争问题上,价格永远不是决定因素。

例(7)中 A_1、A_2 分别为"降价或免费"和"竞争问题",两者相关;C_1 为

"吸引用户的手段",C_2为"决定因素",两者不同。

以上几种情况是对"固然"所在复句的语义细化。总的来说，它们都属于转折关系复句。在转折关系复句中，"固然"常见于前句，不用于后句，这是例（1）不恰当的原因。可以将其中的"固然"句前移，并在后面添加转折连词。如：

（8）<u>固然</u>有时我被你们打的，<u>但</u>每当出了什么事，你们不是批评和吓唬我，而是鼓励我。

或直接将其中的"固然"换作"虽然"或"当然"。如：

（9）每当出了什么事，你们不是批评和吓唬我，而是鼓励我。<u>虽然/当然</u>有时我被你们打的。

"虽然"和"当然"可以用于后句增加补充性内容，但"固然"一般不这样用。

除了转折关系复句之外，"固然"还常见于递进关系复句和并列关系复句的前句。用于递进关系复句的情况如例（10）和例（11）：

（10）我们的肉团心坏了，<u>固然</u>要动手术换掉，智能妙心坏了<u>更</u>应该更换。

（11）这里产供销脱节<u>固然</u>是一个很重要的原因，<u>更重要的是</u>我们没有树立市场经济的新观念。

用于并列关系复句的情况如例（12）和例（13）：

（12）"诸子出于王官"这个说法<u>固然</u>是松，胡先生这个社会学的观点<u>也</u>还是松。

（13）审判的结果<u>固然</u>重要，审判效率<u>同样也</u>不能忽视。

"固然"在 CCL 语料库中共出现 5875 次，其后有转折连词或意外义语气副词（但/但是/却/然而/可是）共现的例句共 3447 例（"但/但是"最多，共 2893 例），约占总数的 59%。另外还有不少转折关系复句没有标记词。由此可以推断，在转折关系复句、递进关系复句和并列关系复句中，转折关系复句是"固然"最常见的复句类型。例（2）表达的是因果关系，与"固然"的复句类型不一致，因此也是不对的，应将其中的"固然"删除，或在复句后添加具有转折义的其他小句。

二、语用特点

"固然"常见于复句前句,但整个复句的表达重点在后句。人们使用"固然"是暂时确认(承认)前句的事实,目的是在后句表达不同的观点,或提出补充性观点。"固然"在语用中还具有以下特点:

(一)回应性

在对话语境中,"固然"确认的是对方刚刚提出的事实或观点。回应性体现了较强的交互主观性,对对方观点的确认也体现了交际中的礼貌原则。如:

(14)陈大妈:……哎呀,我就纳闷,你们和平这病怎么这么邪性啊?
　　　傅老:<u>和平的病固然邪性</u>,我看那个杨大夫的治疗方案啊更邪性。

例(14)傅老使用"固然"是对陈大妈提出的"和平的病这么邪性"的观点进行回应,实际上他并不完全赞同该观点,后句才是他要表达的重点。

(二)评价性

在非对话语境中,"固然"确认的不是说话人新提出的观点,而是很多人公认的看法,属于已知信息。因此,含有"固然"的复句的前句具有"引述性"特点,同时,后句作为表达重点又具有"评价性"特点。如:

(15)<u>固然学问无大小,真理无大小</u>,但是却有本末。

例(15)中,"学问无大小,真理无大小"是已知公认的看法,在这里属于引述;"学问和真理有本末"才是说话人提出的新观点,具有评价性。

(三)辩论性

用"固然"的句子不是叙述性、描写性或说明性的,而是议论性的。说话人使用"固然"时常常是要辩论的,因此,"固然"具有雄辩的语气。(刘月华,1999)"固然"多用于演讲或辩论场合,集中体现出回应性、评价性和辩论性特点。

三、句法特点及其他

在单句中,"固然"常见于主语之后。其主语类型比较复杂,包括名词、动词、形容词、名词性短语、形容词短语、动词短语等,但很少是代词。在 CCL 语料库中,"固然"与人称代词和指示代词共现的情况都比较少,其中"固然"用于人称代词(你/我/他/她)之后共 94 例,用于指示代词(这/那)之后共 316 例,这在全部语料(5875 例)中所占比例是相当小的(共 6.9%)。这也侧面表明,"固然"所适用的语体大多较为正式。但需要指出的是,在少数情况下,"固然"也是可以用于主语之前的,如例(15)。

"固然"在语篇中还可以单用,即前后都可以停顿。如:

(16)你为了报复,随便找一个男人结婚,<u>固然</u>,你可以申冤雪恨,但是,以后的日子,你怎样过?

比较:"虽然""当然"和"固然"

"虽然"是连词,"当然"和"固然"是语气副词。与"固然"相比,"当然"表示"没有疑问",它没有明显的语义结构模式。"虽然"和"固然"都可以用于转折关系复句前句,但"虽然"也可以用于转折关系复句的后句,"固然"一般不能。如:

(17)在所有的部门中,经理都扮演着非常重要的桥梁角色,<u>虽然</u>他本身也是员工。

"虽然"可以相对自由地出现于主语前后,"固然"大部分情况下用于主语之后。"固然"是回应性的,或具有引述性,"虽然"可以是说话人主动提出的;"固然"后接评论较多,后接事实较少,"虽然"后都可以。就使用频率而言,"虽然"(CCL 语料库中 95 089 例)远远高于"固然"。由于句法位置和分工差异明显,"虽然"和"固然"还可以共现。如:

(18)如何对付垃圾邮件?专家们认为,<u>虽然</u>要想做到完全清除之<u>固然</u>困难,但还是有一些简单的方法值得尝试。

38. "我的生日正好是星期二"能说吗?

一、"正好"表达"契合"义

在汉语学习的初级阶段,留学生会遇到含有语气副词"正好"的句子,如:

(1) a. 我的生日<u>正好</u>是星期天。

　　b.* 我的生日<u>正好</u>是星期二。

例(1)a来自汉语教材。有的学生不明白其中蕴含的说话人的侥幸心理,会将其中的"星期天"直接替换为其他时间,说出类似例(1)b的句子来。b句仅从语法上看没有问题,但在常规语境中可接受度明显是低于a句的。这是为什么呢?

因为"正好"是用来表达"契合"义的:a句的"庆幸心理"就来自"生日"和"星期天(休息日)"的契合。当b句出现在"说话人星期二休息"等特殊语境时,合理性就大大提高了。

需要注意的是,"契合"是具有偶然性的。我们在教学中发现了学生的如下偏误:

(2)* 今年的圣诞节正好是12月25号。

例(2)之所以不对,是因为"圣诞节是12月25号"并不是偶然的,这个句子不存在"契合"义。

仍需注意的是,"正好"是说话人用来突显某种"契合"义的。学生不明白这一点,会将"正是""正当"等词语误用为"正好"。如:

(3)* 如今我已经听得懂大多数中文流行歌曲,可能<u>正好</u>因为这个原因,我对中国的流行音乐失去了兴趣。

(4)* ……然后我开始吃饭,<u>正好</u>我要走的时候,发生"奇迹"了!

例(3)中"因为这个原因,我对中国的流行音乐失去了兴趣"不需要突显

"契合"义，其中的"正好"应改为"正是"；例（4）表面上存在"我要走"和"发生奇迹"在时间上的"契合"，但该语义并不是句子表达的重点，"发生'奇迹'了"才是。因此，应将"正好"改为"正当"。如果仅考虑"契合"义，还可以将例（4）改为：

（5）……，正好我要走的时候，暴雨停了。

例（5）就将"我要走"和"暴雨停了"两件事的巧合性突显了出来。

以下是应该使用"正好"，却误用了其他词语的情况：

（6）*我一到武汉就去长途汽车站。……那时候偶然去襄樊的长途汽车快要出发了，我马上买票就上了车。

（7）*大和尚说道："这么好的天气，不如我在此小睡片刻，等喝够了水再回去。"好了，第二个和尚也在此时到达河岸边，一见大师兄正在大树下打盹儿，慌忙躲进树丛里。

从例（6）可以看出，其语境中"我到长途汽车站"和"去襄樊的长途汽车快要出发"在时间上契合（"我马上买票就上了车"印证了这一"契合"义），因此应将"偶然"改为"正好"。例（7）语境中的"契合"为"大和尚在此小睡"和"第二个和尚也在此时到达岸边"，其中的"好了"应改为"正好"［例（3）、例（4）、例（6）、例（7）来自HSK动态作文语料库］。

二、"正好"的语义色彩

"正好"包含语素"好"，那么，"正好"所在的句子是否都表示积极义呢？大多数情况下是这样的："契合"义符合说话人的预期，句子整体表现为积极色彩。如：

（8）性别不限，年龄要求也正好合适，必须要正规的美术大专院校毕业，有一年以上的工作经验，这些也都符合雨儿的条件。

（9）未来的一个月会守在医院了，正好实现了我从小就想当医生的想法，就假装是和傻傻一起工作了吧。

例（8）、例（9）中的"正好合适""正好实现了……想法"都表达积极义。

但"正好"所在的句子不一定都表示积极义，有时表现为中性义。如：

（10）正当两人为首笔"生意"成功在家里庆贺时，民警进屋将两人抓获，电视剧《插翅难逃》也正好大结局。

（11）货币紧缩政策对国际收支的影响正好相反。

例（10）的"电视剧正好大结局"和例（11）的"正好相反"都不带有明显的积极或消极义。

有时候，"正好"所在句还可以表现为消极义。如：

（12）爷如若一走，岂不正好便宜了那些人，由得他们怎么栽诬爷了！

（13）现在好几个地方烧起的大火连成一片，燃烧着。人们都怕这场风——方向正好助了火势。

例（12）、例（13）中的"便宜了那些人"和"风的方向助了火势"都带有消极语义色彩。

总体而言，"正好"表示"积极、如意"和"中性义"占了大部分，表达"消极语义"的情况相对较少（见李培，2020）。可见，"正好"并非一定表示"好"的契合，也可以表示中性的或"不好"的契合。

三、"正好"的句法特点

在句法上，"正好"可以较为自由地出现于主语前后，但以主语后、谓语前的位置更为常见，所占比例达92%（李培，2020）。前文例句中"正好"大多用于主语之后，以下是"正好"用于主语之前的情况：

（14）回来那一晚，太冷！正好瓦片上的雪融，夹杂着毛毛细雨！

（15）有一次我事先没有通知就去造访他家，正好他在工作。

例（14）、例（15）中的"正好"分别用在主语"瓦片上的雪"和"他"之前。

在状语位置上，"正好"不仅可以后附动词、形容词，还可以直接后附名词、数量词等。如：

（16）逛完街回到家，正好月全食。

（17）病人送来的锦旗正好218幅。

此外，现代汉语中的"正好"还有形容词用法，可用作谓语、定语、补语，有"合适"的意思，应注意分辨。

39. "这不妨说是多了一种见识"能说吗?

一、"不妨"常见的语用特点

(一)用于委婉建议

"不妨"大多时候是用来提出建议的,表示"可以这样做"。这是一种委婉的提议,绝大多数用于肯定句,极少用于否定句。这一点比较容易理解,学生了解之后,可以避免很多偏误。

与"提议"的语用场景相一致,"不妨"后常见的成分主要有:

1. 尝试义动词或格式(VV/V一V/V一下儿)

(1)当你感觉精力减退时,你<u>不妨试试</u>这个补救方法,保证有效。

(2)我们<u>不妨听一听</u>她发自肺腑的呼唤,并接受这来自心灵深处的真挚情感。

(3)同学们,吃惯了比萨饼、麦当劳,<u>不妨也品味一下儿</u>中国茶吧!

例(1)~(3)中的"试试""听一听""品味一下儿"都有"尝试"义。"不妨"与表"尝试"义的成分一起,表示"提议进行某种尝试"。

2. 包含自主动词的多种结构

(4)你们一走,我们就要腹背受敌,断了退路,<u>不妨你我合作</u>,……

(5)如果你想正面结交老板,当然会有一定的困难。不过,你<u>不妨采取迂回战术</u>嘛。

(6)有人提议说:"你<u>不妨叫你哥哥写封信到军区总医院,让他们收下你</u>。"

(7)我说正在暑假期间,<u>不妨把她带到北京来玩儿玩儿</u>。

自主动词表示的都是人可以自主控制的动作,例(4)~(7)中的"合作""采取""叫""带"等都属自主动词。"不妨"后可以附加包含自主动词的多种结构类型,如例(4)的"你我合作"为主谓结构,例(5)的"采取迂回战术"为动宾结构，例（6）的"叫你哥哥写信……"为兼语结构，例（7）的"把她带到北京来玩儿玩儿"为"把"字结构和"连动结构"的叠加。

3. 形容词+"一些/一点儿"

（8）装帧自然要好，印刷也要好，价钱<u>不妨贵一些</u>。

（9）5年的工作经验，正好是初入猎头视野的时期，这时候<u>不妨主动一点儿</u>。

（10）做生意不能做得这么精细，有时<u>不妨糊涂一点儿</u>。

例（8）～（10）中的"贵""主动""糊涂"都是形容词，附加"一些/一点儿"之后表示在可控动作之后的状态。

值得注意的是，"提议"具有互动性，但"不妨"并不总是直接与人称代词连用。与人称代词连用时，"不妨"一般只用于人称代词后。表39-1是我们在CCL语料库中检索的数据：

表39-1　人称代词与"不妨"共现数据统计

检索项	数量	检索项	数量
你（们）不妨	286	不妨你（们）	3
他/她（们）不妨	52	不妨他/她（们）	0
我们不妨	657	不妨我们	0

从表39-1可以看出，在与人称代词直接连用时，"不妨"几乎不用于人称代词之前。但CCL语料库中语气副词"不妨"的用例约有5000例，它直接用于人称代词之后的比例是比较低的。

（二）用于讲述性引导语

从表39-1还可以看出，"我们不妨"的数量明显多于"你（们）不妨"。如果说"你（们）不妨"是对听话人的直接建议，"我们不妨"则除了表示对言语双方的提议之外，还可用于讲述性文字的引导语。如：

（11）我们平常说话，往往脱口而出。那么，说话的时候是不是没有规则呢？如果说有，你怎么证明这种规则呢？<u>我们不妨举一些外国学生使用汉语时出错的例子</u>：……

授课、报告和论文属于较为典型的讲述性文字。例（11）中的"我们"实为说话人自己。在这种场景中，"不妨"可以看作是一种语气委婉的引导语，其作用在于将听话人带入说话人设定的情境中。这种用法与"提议"义也是有关联的。

二、"不妨"的少数用法

我们在留学生的作文中发现了以下两个句子：

（12）这不妨也是多了一种见识。

（13）吸烟不妨说是百害无益的事情。

例（13）有点儿争议，有人认为不合法；例（12）明显不符合语感，但如果改为例（14），其接受度就和例（13）相当了：

（14）这不妨说是多了一种见识。

很明显，"不妨（说）是"不是"不妨"的常见用法。但它们是不是绝对不能说呢？我们在 CCL 语料库中找到 27 条包含"不妨（说）是"的例句，认为它们都是病句显然是不合理的。如：

（15）对张丽而言，李欣是一个强有力的对手，甚至不妨说是最大的对手。

（16）过去三千年，不妨说是河流文明；到了近三百年，不妨说是海洋文明。

（17）他说："对于一幅画的评述不妨是一首十四行诗或一首哀歌。"反之，对于一首十四行诗或一首哀歌的评述自然也不妨是一幅画。

《现代汉语词典》（第 7 版）中"不妨"词条的解释为：表示可以这样做，没有什么妨碍。例（15）～（17）中的"不妨（说）是"都可以换作"可以说是"。

少数情况下，"不妨"还直接用于判断句，委婉地表示一种可能性。如：

（18）艺术"构件"中诉诸"感官"的不妨是一件"不美的东西"，但完整的艺术品，却无法离开美的"感受"而言其艺术价值。

例（18）中的"不妨"意为"可以"。

由此来看，例（13）和例（14）也是具有合理性的。但需要说明的是，"可以"的意义和用法比"不妨"要复杂得多。很多情况下，"可以"是不能换作"不妨"的，如：

（19）超级链接和上下文链接都是根据需要而定的，<u>可以填也可以不填</u>。

（20）通过分析世界各国从提出普及教育的口号到由国家颁布实施义务教育的法律，我们<u>可以</u>看到义务教育制度有下列特点：……

40. "根本缺乏共同的话题"能说吗？

"根本"表示强调，大多情况下是与否定形式连用的。留学生使用"根本"时输出的也大多是否定句，其偏误主要集中在句法位置上。如：

（1）？<u>根本</u>吸烟一点儿好处都没有。

（2）？他们<u>根本</u>与绿色食品的问题没有关系的。

这两个例句都不符合语感，其中例（1）的"根本"应位于主语"吸烟"后，例（2）的"根本"应位于谓语"没有关系的"之前。

与此相关，很多人认为"根本"是不能用在肯定句中的。但我们在HSK动态作文语料库中发现了下面的句子：

（3）很多年轻人认为，自己跟上一辈之间没什么可说的，<u>根本缺乏共同的关注点和话题</u>。

根据语感可以判断，例（3）尽管形式上是肯定句，但合法性没有问题。我们在语料库中也发现了不少"根本"用于肯定句的情况。如：

（4）查看图片找碴儿？两幅图<u>根本就一样的啊</u>，有什么好找的啊？

（5）他说孔子<u>根本是个改革家</u>。

既能用于否定句，也能用于肯定句，"根本"的两种用法语义上有什么关联呢？

一、"根本"与否定

（一）共现成分

现有研究基本一致认可，语气副词"根本"大多数情况下是用于否定结构的。其共现成分可以分为三种：

一是否定词，如"不""没""无""未"：

（6）你让他换工作，他根本不会考虑的。

（7）只见她一副闷闷不乐的样子，根本没一丝新娘子的喜气。

（8）过去，这种会议也就吸引媒体的关注，一般老百姓根本无人关心。

（9）他感觉不妙，立即拨通了"老房东"家的电话，得知"老房东"根本未到福建，自己上当受骗了。

二是否定结构，如可能补语的否定式：

（10）其实我想睡觉！可是这鞭炮放得我根本睡不着啊！

（11）都是些平凡庸碌之徒，根本谈不上"会"唱歌！

三是一些含有否定义的词语和成语。前者如"懒得""休想"等，后者如"一文不值""一无所有""一无所知""一无是处"等：

（12）事实上，他也几乎放弃了一切希望，根本懒得出意见。

（13）那人贴身穿有一件宝衣，普通刀剑掌力指力，根本休想伤得了他。

（14）别人的性命，在她眼中看来，根本一文不值。

（15）他们一毛钱都不会给你，你根本一无所有！

总体而言，"根本"所在的句子整体都是表示否定的。

（二）对前提的否定

在语用中，"根本"所否定的不是句子本身，而是句子成立的前提。前提和预设不同，两者最根本的区别是，预设一般不能被否定，但前提可以被否定（有关预设的介绍，见本书第16个问题）。在交际中，说话人说出某句话的时候，默认交际双方已经知道或接受了某种前提，该前提是可以被否定的。"根本"所否定的正是句子成立的前提。如：

（16）老和：太好啦！女大九，手拉手，革命路上一块儿走。这位齐大姐……跟你公公俩人就和，那真是鱼找鱼，虾找虾，绿叶配红花呀！……

和平：妈，可我瞅着我公公眼下根本没续弦的心思，再说他又没托您帮这个忙……

例（16）中，老和要给和平的公公说媒，其前提是和平的公公有此意愿。和平的答句中，"根本"否定的正是"他公公有续弦的心思"这个前提。再如：

（17）李大嘴：我不就是书念得少点儿吗？

　　　　白展堂：谁说的，<u>你根本就没念过书</u>。

例（17）中，"书念得少点儿"成立的前提是"念过书"，"根本"句是对"念过书"的否定。

在教学中，学生需要明白，"根本"一般不用来直接否定命题。请看下面的例子：

（18）——你去长城了吗？

　　　　a.——*我根本没去（长城）。

　　　　b.——我根本没打算去长城。

例（18）中，a句"没去（长城）"否定的是命题，用它来回答"你去长城了吗？"是不恰当的；而"打算去长城"是"去长城"的前提，b句否定这个前提，符合"根本"的语用条件。

我们在教学中遇到过一个真实案例，就与学生不知道"根本"否定的是"前提"有关。如：

（19）（学生向老师告状）老师，他打我，<u>他根本不是我的好朋友</u>。

例（19）是对"他是我的好朋友"的否定。如果老师认同这个前提，句子没有问题；但如果老师并不知道两人的关系，听起来一定是有点儿别扭的。

二、"根本"与肯定

（一）共现成分

语言事实表明，"根本"也是可以用于肯定句的。在肯定句中，"根本"最常与"就""（就）是"共现。如：

（20）查看图片找碴儿怎么了？……两幅图<u>根本就一样的啊</u>……有什么好找的啊？

（21）"看看这餐厅的女士们，个个高贵又优雅，真像在看图画。"她叹为观止，但曾莎白头也不抬，随便扫了一眼说："算了吧！什么贵妇，我看<u>根本是'暴发户'、假高贵</u>。"

"根本"还可以与"都""只是""还是"共现。如：

（22）不可能！他不会跟别人订婚的！他和女人<u>根本都只是逢场作戏</u>，……

（23）短期内我们都不会结婚，因为他<u>根本还是个学生</u>，连经济基础都没有。

（二）肯定句的否定义

在例（20）~（23）中，尽管"根本"所在的句子本身是肯定句，但其作用也是对句子命题的前提进行否定。如例（20）"看图片找碴儿"的前提是"图片有所不同"，"根本是一样的"是对该前提的否定；例（21）"个个高贵又优雅"的前提是"他们是贵族，不是'暴发户'"，而"根本是'暴发户'、假高贵"是对该前提的直接否定；例（22）"他和别人订婚"的前提是"他和别的女人相爱"，而"他和女人根本都只是逢场作戏"是对这个前提的否定；例（23）"结婚"的前提是"具备了一定的条件"，"他根本还是个学生"是对该前提的否定。

我们再看下面的例子。

（24）（吕秀才提醒白展堂不要再教燕小六功夫）

　　吕秀才：你可千万别教了！

　　白展堂：为啥呀？

　　吕秀才：教会了徒弟，饿死师父啊。

　　白展堂：不可能！你想啊，他是捕快，我是跑堂儿的，<u>根本就是两个行当</u>。

例（24）中，吕秀才提醒白展堂，因为他认为"燕小六学会了功夫之后跟白展堂存在竞争关系"，"根本就是两个行当"正是对这个前提的否定。再如：

（25）老胡：你现在中山装也不穿了，文件包也不拿了，乍一看，还真像个好老头儿哩。

　　傅老：哈哈哈……嗯？你的意思是说，我过去像个坏老头儿？

　　老胡：谁说你像个坏老头儿，你<u>根本就是个坏老头儿</u>。

例（25）中，"像个坏老头儿"的前提是"不是坏老头儿"，"根本"句则是对这个前提的直接否定。

需要指出的是，现代汉语中的"根本"还有名词和形容词的用法，教师应当注意分辨其语义和用法上的不同。如：

（26）应当从<u>根本</u>上考虑解决问题的办法。（"根本"为名词）

（27）不要回避最<u>根本</u>的原因。（"根本"为形容词）

41. "未免是事实""不免太简单"为什么不能说？

"不免""未免"和"难免"都包含语素"免"，留学生在学习中常常将它们弄混，于是出现了下面的偏误：

（1）*孩子和父母一直生活很长时间，所以从很多方面受影响是<u>不免</u>的。

（2）*父母<u>难免</u>是孩子最熟悉的人。

（3）*你这样想<u>不免</u>太简单了。

（4）*要考试了，大家<u>未免</u>紧张起来。

（5）*家长们认为，男女分班可以避免学生早恋，但这也<u>未免</u>是事实。

根据语感我们知道，这几个句子都是有问题的。例（1）的"不免"应改为"难免"；例（2）"难免"应删除，或改为"应该"；例（3）中的"不免"应改为"未免"；例（4）中的"未免"应改为"不免"或"难免"；例（5）中的"未免"也应删除，或改为"未必"。

首先需要明确的是，"难免"是形容词，"不免""未免"是副词。教师讲明这一点，就能够帮助学生避免不少语病：形容词"难免"可以用在"是……的"中间，还可以用作定语，"不免""未免"没有这些用法。如：

（6）几家住一院子，有点儿磕碰<u>是难免的</u>。

（7）航班延误本是世界各大航空公司都<u>难免</u>的问题，但像最近这么频繁的延误却是很少的。

但形容词也可以做状语，"难免"与"不免""未免"有时候似乎也可以互换。如：

（8）a. 同时长期在一个部门重复干一种单调的工作，难免会使人觉得乏味。

　　　b. 同时长期在一个部门重复干一种单调的工作，未免会使人觉得乏味。

　　　c. 同时长期在一个部门重复干一种单调的工作，不免会使人觉得乏味。

那么，怎么理解三者语义上的不同呢？"不免""未免"各自有什么特点？

一、"未免"与负面评价

"未免"是说话人用来"评价"的，且一般情况下都是负面评价。"未免"后常见的词语有"太""有点儿/有些""过于"等。如：

（9）谁能同时具备这些能力和资格呢？你的要求未免太过分了。

（10）时值冬日，万木萧瑟，果园的景色未免有点儿单调。

（11）青春的话题如果局限于个人的成败利钝，那未免有些小市民气。

（12）这种动辄斥责孩子的方法，未免过于简单、草率。

例（9）～（12）中的"太过分""有点儿单调""有些小市民气""过于简单、草率"明显都是负面评价。

"未免"在CCL语料库中共出现2547例，其中"未免太"有847例，所占比例是比较大的。

"未免"后也可以直接连接消极义形容词。如：

（13）如果认为宽严相济只是刑事司法政策，那就未免以偏概全了。

（14）虽然世上不公平的事很多，但这么明摆着地欺负人也未免过分。

（15）"打肿脸充胖子"说说"成绩是主要的"，也情有可原，但以之当真，未免自欺欺人。

例（13）～（15）中的"以偏概全""过分""自欺欺人"都是负面评价。例（5）中的"是事实"是陈述而非评价，因此"未免是事实"是不能说的；而例（3）中的"太简单"为负面评价，"未免太简单"符合"未免"的语用特点。

此外，从语气强度来看，"未免"表示的负面评价是比较委婉的。"未免"还有给句子增加委婉语气的功能（见本书第18个问题）。如：

（16）秀姑道："不过是金刚经心经罢了。上次老师父送一本莲华经给我，我就看不懂；而且家父说：年轻的人看佛经，未免消磨志气，有点儿反对，我也就不勉强了。樊先生是反对学佛的吧？"家树摇着头道："不！我也愿意学佛。"秀姑道："樊先生前程远大，为了一点儿小小不如意的事，就要学佛，<u>未免不值</u>。"

例（16）中，"未免消磨志气""未免不值"都是委婉地进行负面评价。

二、"不免""难免"与"推断"义

与"未免"一般表示负面评价不同，"不免"和"难免"常与"推断"有关。

（一）"难免"与消极推断

做状语时，"难免"用来表示说话人基于常理或经验的推断，常常带有消极语义色彩。如：

（17）刚学走路的孩子<u>难免会摔跤</u>。

（18）人体的整个免疫系统被彻底破坏，人也就<u>难免死亡</u>。

（19）从未见过汉字的初学者<u>难免产生畏难情绪</u>。

（20）由于时间比较仓促，手册中<u>难免会有疏漏及不妥之处</u>。

例（17）～（20）都是与常理和认知经验有关的推断（如"刚学走路的孩子会摔跤"，其余以此类推），且"摔跤""死亡""产生畏难情绪""有疏漏及不妥之处"都具有消极语义色彩。例（2）之所以不对，是因为"父母是孩子最熟悉的人"不包含推断义且不具有消极语义色彩。

（二）"不免"的两种语义

1. 表示"推断"

根据语感，例（17）～（20）中的"难免"都可以换作"不免"。可见，"不免"也可以用来表示消极推断。但"难免"后可以连接否定词，"不免"不能。如：

（21）太太毕竟是在中国这块封建土地上生长的女性，封建的"忠孝礼义、三纲五常"<u>难免不影响她</u>。

例（21）中的"难免"不能换作"不免"。

除了表示消极义之外，"不免"还可以用来表示积极义，此时不能替换为"难免"和"未免"。如：

（22）有上级的信任，他<u>不免更加春风得意</u>。

（23）旅途中，当我们见到风花雪月、碧海蓝天，<u>不免心生欢喜</u>。

例（22）、例（23）中"春风得意""心生欢喜"都是积极义，两个句子中的"不免"都不宜换作"难免"或"未免"。

2. 表示"不可控"

"不免"的另一种用法强调动作或状态的不可控性。如：

（24）前面提到佛经，我<u>不免想起</u>"四大皆空"。

（25）被点名的几位公司老板，因为意外而<u>不免感到</u>诧异。

（26）由于当年并没有仔细打量过水兵的模样，她接到电话后<u>不免生疑</u>。

例（24）～（26）中的"想起""感到""生疑"都具有非自主性，是不可控的。这三例中的"不免"都不能换作"未免"，换作"难免"后语义也会发生改变。例（4）不能使用"未免"，一是因为"紧张起来"不是评价，二是因为"紧张起来"具有不可控性，应将"未免"改为"不免"。

现在我们来分析例（8）三个句子的不同："未免"句重在对"长期重复干一种工作"这件事的评价；"难免"重在基于常理和经验的推断，强调"觉得乏味是难以避免的"；"不免"与"难免"表义接近，但"不免"强调"让人觉得乏味"的出现是自然的、不可控的。

42. "难道你不懂"和"莫非你不懂"一样吗？

首先，请看例（1）中的两个句子：

（1）a. 这么简单的道理，<u>难道你不懂</u>？

　　b. 这么简单的道理，<u>莫非你不懂</u>？

例（1）中，a 句是我们在教授"难道"时候的完句练习。b 句是学生提出的问题：a 句中的"难道"可以换成"莫非"吗？根据语感可以判断，b 句在语法上也是成立的，但和 a 句并不能简单地等同互换。

我们在留学生使用"难道"的作文语料中还发现了如下偏误：

（2）*我仔细地思考，难道吸烟不影响身体的哪里呢？

（3）*如果人们不听这个歌曲，难道这怎么能叫流行歌曲？

根据语感，例（2）中的"呢"应改为"吗"，例（3）中的"怎么"和"难道"应删除一个。如：

（4）我仔细地思考，<u>难道吸烟不影响身体（的哪里）吗</u>？

（5）如果人们不听这个歌曲，<u>难道这能叫流行歌曲</u>？／<u>这怎么能叫流行歌曲</u>？

例（4）、例（5）中的"难道"似乎也可以换作"莫非"：

（6）我仔细地思考，<u>莫非吸烟不影响身体（的哪里）吗</u>？

（7）如果人们不听这个歌曲，<u>莫非这能叫流行歌曲</u>？

但替换之后两者语义也是有差别的。此外，例（4）和例（5）的"难道"句在语义上还可以有两种理解，既可以表示无疑而问（表反问），也可以表示存有疑问（表揣测）。这又是为什么呢？下面我们就以上问题进行具体分析。

一、"反问"和"揣测"

一般认为，"难道"是用来加强反问语气的。但除了反问之外，"难道"还可以表示说话人的主观"揣测"。如：

（8）刚刚飞过去的<u>难道</u>是一条鱼？<u>她怀疑</u>是不是自己眼花了，但随后又有一条鱼飞过去。

（9）他高高的、壮壮的，瞧上去憨厚老实。<u>难道</u>，他也去干家政？<u>当男保姆</u>？

（10）女儿那愤愤抽搐的脸颊，令她不求甚解<u>疑怪着</u>，<u>难道</u>那王八蛋还有些好处呢？她倒比王八蛋还惹女儿生气？

例（8）中的"怀疑"、例（9）中的"当男保姆"和例（10）中的"疑怪着"，都从侧面印证了其前后的"难道"句不是反问，而是说话人的揣测。在反问句中，"难道"一般不和"呢"用在一起，但表示揣测时，两者却是可以共现的，如例（10）。

那么，为什么"难道"既可以表示"反问"又可以表示"揣测"呢？"反问"义和"揣测"义之间有什么关系呢？从本质上讲，两者都与"疑问"有关。"反问"是说话人因为"十分确定"而出现的"无疑而问"，"揣测"则是因说话人的"不太确定"而产生的主观猜测（一般用于说话人自问自答）。两种语义表达的"确定性"强弱不同：从"揣测"到"反问"，是"不确定性"逐步减弱、"确定性"逐步加强的过程。但有时候，"揣测"和"反问"的界限并不十分分明，对于句子的正确解读仅从字面上较难确定，还要结合语境和说话人的态度来综合判断。

二、"难道"和"莫非"的异同

（一）相同之处

"莫非"和"难道"类似，也是既可以表示"反问"、又可以表示"揣测"的语气副词。如：

（11）小王自作主张结了婚，妈妈很不乐意。他带着妻子回家时，先是在门口站了。只听见母亲火药味十足地说："还站在外面干什么？<u>莫非</u>等人抬了大轿去接？"

（12）我疑问："对这个问题，您为什么会有这么强烈的楔入呢，<u>莫非</u>您有什么个人的隐痛？"

例（11）中"莫非"所在的单句可以解读为说话人的"揣测"，但从上下文来看，说话人"火药味十足"，"莫非"实际上是加强了反问的语气。例（12）中"莫非"句则明显表示说话人的揣测。

从句法位置来看，"莫非"和"难道"都可以较自由地出现于主语前后，且都以主语前位置更为常见。以人称代词"你"做主语的情况为例：

（13）他像是觉出他的异样，便说："别这么伤感，到底是怎么回事，你该告诉我，<u>莫非你</u>认识那个人？"

（14）"<u>你难道</u>就没开开洋荤？"那些人问道。

表 42-1 是在 CCL 语料库中"莫非 / 难道"与人称代词共现的数据统计：

表 42-1 "莫非/难道"与人称代词共现数据统计

检索项	莫非+人称代词	难道+人称代词	人称代词+莫非	人称代词+难道
数量	337	4247	36	896

"莫非"与"难道"还都可以单用。如：

（15）莫非，只有天天唱赞歌，才是该文作者说的"心理健康"吗？

（16）如果它还出自一位诺贝尔物理学奖得主之口，是不是令人晕眩不已？难道，这世界真的已经改变了吗？

（二）不同之处

首先，尽管用法有交叉，但两者的语义分工是不同的。"难道"主要用来表示"反问"，"莫非"主要用来表示"揣测"。

其次，语义视角不同。"莫非"句表示"揣测"时，说话人认为命题或事件"可能性很大"。如：

（17）"多逗人笑，我怎么想到这些事上去了，莫非，莫非我爱上他了？"她问自己。其实，这个问题，她问过自己不知有多少遍，但总没有勇气承认，但也没有理由否认。"大概我是爱上他了，要不，我的脑子里为什么除了工作，就是想他。"

例（17）中"莫非"句的含义为"我爱上他"的可能性很大，从下文"大概我是爱上他了"可以看出。再如：

（18）（燕红说要给保姆小张找个好工作，小张虽兴奋，但比较不自信）

燕红：……妹妹你大胆地往前走……

小张：往前走……我走到哪儿去啊？

燕红：一直往前走不要回头看，直奔我们咖啡屋——给我当服务员去！

小张：（冲回）说了半天怎么还是服务员啊，唉，莫非我这辈子就干不了别的了？

例（18）中，保姆"小张"本是"不自信"的，对"新工作是服务员"也比较失望，因此，"莫非"句包含了"看来是这样的"的语义。

而"难道"句表示"揣测"时,说话人则意在表示"不可能"。如:

(19) 白展堂:(把衣服扔还给燕小六)难道说真有隔空取物这一招?这怎么可能呢?(啃指头)

(20) 圆圆:朝阳叔叔,难道你小时候也是个有理想的人?

例(19)中"难道"句的下一句为"这怎么可能呢",进一步强调"不可能有隔空取物这一招"。例(20)来自情景喜剧《我爱我家》,其中朝阳叔叔是一个不太靠谱儿的人,圆圆对他"小时候是个有理想的人"是持否定态度的,因此,句子后面也可以加上"不可能吧?/不会吧?"表示怀疑或否定。

另外,都表示"反问"时,"难道"的语气比"莫非"强一些。由于"难道"表示"揣测"时包含"不可能"义,在"争论、辩驳、吵架"等语气强烈的对话语境中常被优先选择。如:

(21)(傅老怀疑秀芳的孩子是志国的,逼问志国)

傅老:那她那个孩子是从哪儿来的?

志国:怎么都问我呀,我知道怎么来的?反正不是我的。

傅老:不是你的,难道是我的?

志国:……我也没说是您的,反正不是我的。

在例(21)的情境中,"难道"是不能换成"莫非"的。这也进一步表明了"难道"比"莫非"的"反问"语气更为强烈。

最后,"难道"的使用率明显高于"莫非"。在CCL语料库中,"难道"出现15 318次,"莫非"仅出现1686次。两者所在的句子中都常见语气词"吗""啊""不成"等与之呼应。周明强(2013)指出,"难道"后附语气词与之呼应的情况占64%以上,而"莫非"在句子中有语气词呼应的情况只有25%。就语体情况而言,朱雯欣(2019)指出,"难道"更常见于口语,"莫非"则多见于文学和古汉语等书面语中。

43. "分明是他不对"和"明明是他不对"一样吗？

"分明"和"明明"都包含语素"明"，都表示确认，都有"显而易见"的意思。在句法上，两者也都常见于主语之后。我们在教学中常需要对两者进行辨析。如：

（1）a. 这件事<u>分明</u>是他不对。
　　　b. ? 这件事<u>明明</u>是他不对。

这两个句子完全一样吗？在具体的情境中，"分明"和"明明"并不是完全等同的。两者的差异表现在以下几个方面：

一、常见的语义环境

"分明"和"明明"都常见于偏正关系复句。但在偏正复句中，"明明"更常见于偏句，"分明"则更常见于正句。具体表现如下：

（一）"明明"出现于前句，后续句常有"可是/但是/然而/却/反倒/反而/偏偏/竟/非"等转折义连词或表"意外"义的副词与之共现，整个句子表现出"转折"或"意外"义。如：

（2）不得不承认，在我们身边，存在着这样一些朋友：出门前<u>明明</u>锁好了门，<u>可是</u>走到了半路却又慌慌张张跑回来反复检查。

（3）<u>明明</u>是很平常的事务性工作，<u>偏偏</u>要张扬声势，好像不说成"工程"就赶不上时髦，就搞不好工作。

例（2）、例（3）中"明明"的后面分别有转折连词"可是"和语气副词"偏偏"，整个句子都强调"意外"义。

有时，"明明"的后续句中有隐含转折义的词语如"结果/最后/也"等共现，整个句子也表现出"意外"义。如：

（4）前两期有个张大侠，明明是人家骚扰他，结果被你们写成他骚扰人家！

（5）明明写完的一部小说，最后就变成残稿了，……

（6）他们明明知道守下去没有希望，也没有一个叛逃。

"明明"的后续句即使没有转折词，整个句子也可以表达转折义。如：

（7）当他明明已经得了根本，已见了性，他还不知道，以为自己没神通，就没见性。

例（7）中"明明"的后续句没有转折义词语，但句子整体隐含转折义。

以上三种情况表明，"明明"的后续句常表示转折义。这是"明明"最常见的语义环境，占"明明"所在语料的半数以上[①]。

（二）"明明"出现于前句，后续句还常有"怎么/为什么/为何"等疑问词，"明明"的作用在于加强整个句子的疑问语气。如：

（8）价目表上不是明明写着大碗面1元吗？怎么又漫天要价？

（9）退票要上岸去退，明明没有座位，为什么还要卖票？

（10）你不杀她，我一点儿也不奇怪，我只奇怪你明明没醉，为何要装醉呢？

有时后续句为表示反问的语气副词如"难道/岂"等，"明明"表示对反问前提的确认，加强了整个句子的反问语气。如：

（11）你们不会看吗？明明写着是飞机周转原因，难道你们是文盲？不信我们，你就别问。

（12）如果明明知道，或者已经发现了还保留着，岂不是与读者开玩笑，和自己过不去吗？

（三）"明明"并非完全不出现于后句。它用于后句时，前句常含有对比义。如：

（13）——忆苦餐：一种辣椒叶、番薯叶、野菜掺少许大米熬成的东西。这明明是猪食嘛！

---

① 对于这一点，现有研究观点比较一致，详见杨婉萍（2013）、杨梦（2016）。

（14）他们是可以对此发挥作用的，现在却拂袖而去，一走了事。这哪里是要改进它，明明是想整垮它。

例（13）句表示"这显而易见是猪食"的意思，前句的"忆苦餐"与"猪食"形成鲜明对比；例（14）中的"改进它"和"整垮它"也形成对比。这时候"明明"句的语气很强，可以用在表示"反驳"的场景中。

（四）"分明"则更多出现于偏正复句的正句，前面常有转折义词语。如：

（15）《绿色》无意耳提面命，高树春的形象却分明提醒着我们，在今天，崇高不仅具有理想色彩，而且具有现实意义。

（16）那天是你亲自给我打来的电话："世上好人多啊……"声音虽苍老而断续，但分明透露着难以抑制的欣喜："快回家来，帮助我工作吧！"

例（15）、例（16）中的"分明"都位于转折后句，直接确认说话人想要表达的信息，"分明"的作用在于加强句子的确认语气。

二、语义侧重和语用目的不同

从常见的语义环境可以看出，"分明"表示对事件或命题的直接确认，"明明"则常有隐含义，且隐含义才是其语义重点。如：

（17）谁也没有想到洋人教授会用高分低能来贬低我们。这分明是种族歧视！

（18）他笑着说："丞相别开玩笑，这明明是头鹿，怎么说是马呢？"

例（17）中"分明"表示说话人对"洋人教授用高分低能来贬低我们"一事性质的直接确认——"这是种族歧视"；例（18）"明明"表示说话人对"鹿"的确认，隐含说话人的反驳态度——"怎么是马呢？"。两者相比，"分明"是说话人的直陈，不具有明显互动性；"明明"可用来表示反驳，互动性较强。在这两个例子中，"分明"和"明明"似乎可以互换。如：

（19）谁也没有想到洋人教授会用高分低能来贬低我们。这明明是种族歧视！

（20）他笑着说："丞相别开玩笑，这分明是头鹿，怎么说是马呢？"

例（19）中，"分明"换作"明明"后，句子可能会附带隐含义——"这明明是种族歧视,为什么你不这样认为?";例(20)中,"明明"换作"分明"后,句子语气明显比较生硬,在"指鹿为马"的故事里,可能会与说话人的身份不符。

由此可见,如果缺少语境,可能很难判断学生是否真正用对了"分明"和"明明"。作为教师,我们能做的就是将两个词的典型用法及其不同之处教给学生,结合情境进行教学,让学生明白什么情况下该选用哪个语气副词。

三、其他方面

两者的语体色彩也有不同,在口语中"明明"更为常见,而"分明"更具书面语色彩,可用于诗歌中(见姜艳艳,2013)。此外,"分明"除了是语气副词之外,还可以是形容词,受"很"等程度副词修饰,可以做谓语中心;"明明"则只是语气副词。

比较:"明"和"明明"

单音节语气副词"明"也表示确认,与"明明"语义接近,但它不能用于主语之前,"明明"则不受此限。如:

(21)他明知道他不会成功,仍然继续努力。

　　→*明他知道不会成功,仍然继续努力。

(22)他明明知道不对,却总是要那样做。

　　→明明他知道不对,却总是要那样做。

44. "果然下雨了"和"果真下雨了"一样吗?

"果然"和"果真"包含相同语素"果",都可以用于"事实与说话人原先预料的情况相符"的语义场景,很多时候可以互换。因此,我们在教学中,常常会遇到学生提出的如下问题:

(1) a. 我听小王说今天会下雨，今天果然下雨了。
　　b. 我听小王说今天会下雨，今天果真下雨了。

例（1）中a句和b句都是正确的句子，它们完全一样吗？

在例（1）的句子情境中，"果然"和"果真"的确是可以互换的。但语言有经济性，一般来说，两个词语即使在句法和语义上表现完全相同，它们在功能上一定会有所差异。实际上，"果然"和"果真"有多方面的不同表现，下面我们进行具体说明。

一、语义侧重

在可以互换的场景中，"果然"只表示事实与说话人预料的情况相符；"果真"则更强调事实的"真实性"，意为"果然是真的"。如：

（2）笔者路过省道武夷山八洋线石雄路段时，见有人在要道上牧牛，存在着交通安全隐患。你瞧，这头牛果真"牛"，无论你如何按喇叭，它照样慢悠悠地踱着，就是不让道。

例（2）中，"果真'牛'"能突显"这头牛真的很牛气"的语义。如果将"果真"换作"果然"，则表示"这头牛不让路"与说话人的预期相符。可见，两者的语义侧重是不同的。

"果真"用于一般疑问句时，表示对真实性的询问，不能替换为"果然"。如：

（3）有些人为了身体健康，宁愿买被虫吃过的蔬菜。并且还提出了"有虫无害有益论"，……有虫果真"无害有益"吗？

（4）有个别年轻人却感叹道：在和平年代里，在平凡岗位上，有爱国之心，却无报国"用武之地"啊。……果真"报国无门"吗？其实不然。

例（3）、例（4）中的"果真"都是对事情真实性的询问，都不宜换作"果然"。

"果真"还可用于表示假设的情况。"果真"用于前句，表示"（假如）果然是真的"，后面常有"就/便""那么"等词语与之呼应。有人认为这种用法具有连词的性质，但语义与其作为语气副词时是相通的。如：

（5）学生学习了这门课程后，就会促进对其他历史专业课程的学习和从事初步的史学研究工作。<u>果真</u>如此，这门课程便达到了教学的目的。

（6）据专家估计，这一疗法可望在今后3到4年内上市，假如小小的核糖核酸分子<u>果真</u>大显身手给人类造福，那么，传统的分子生物学恐怕要改写了。

例（5）、例（6）中的"果真"也不宜换作"果然"。

二、句法表现

"果然"和"果真"的常见句法位置不同，"果然"的句法位置更为灵活。

（一）"果然"单用的情况明显多于"果真"，在CCL语料库中，包含"果然"和"果真"的语料分别有1672例和50例。

（二）"果然"少数情况下可以用于句尾，"果真"则基本不用于句尾。如：

（7）这时她的呼机响了，我估计又是姓赵的，<u>果然</u>。

"果然"用于句尾的情况在CCL语料库中共出现15例，"果真"用于句尾仅2例。

（三）"果然"可以较为自由地出现在主语前和主语后，"果真"相对不太自由。我们以人称代词为例，考察了CCL语料库"果然/果真"用于主语前后的情况，具体见表44-1：

表44-1 人称代词与"果然/果真"共现数据统计

检索项	果然+人称代词	果真+人称代词	人称代词+果然	人称代词+果真
数量	93	5	537	200

从表44-1可以看出，在与人称代词共现时，"果然"和"果真"都更常见于人称代词之后；"果然"也可用于人称代词前，但"果真"很少用于人称代词前。

（四）常见搭配不同。"果然"常与"不出（X）所料"共现。如：

（8）他想到或许马克仍在市场里，所以决定先到摊贩找他，结果<u>果然不出他所料</u>。

在 CCL 语料库中,"果然不出（X）所料"共出现 214 次,但"果真不出（X）所料"仅出现 4 次。"果真如此"和"果然如此"都比较常见,但前者频率明显高于后者（分别为 363 次和 127 次）。

此外,两者在现代汉语中的使用频率不同。在 CCL 语料库中,"果然"出现 9813 次,"果真"出现 2141 次,前者明显高于后者。

45. "他偏不去"和"他偏偏不去"一样吗?

"偏偏"在形式上是"偏"的重叠式,两者有时在句法上可以互换。因此,留学生在学习中会对下面的两个句子存有疑问:

（1）妈妈让他去,他偏不去。
（2）妈妈让他去,他偏偏不去。

例（1）和例（2）上下文相同,都是合法的句子,它们一样吗?

在本书的第 26 个问题中,我们提到"偏偏"句的焦点在"偏偏"之后。即例（2）句的焦点和重音为"不去",但例（1）句可以有两种语义解读,分别为:

a. 妈妈让他去,他偏不去。
b. 妈妈让他去,他偏不去。

a 句的重音也是"不去",句子语义与例（2）等同；b 句的重音为"偏",表示他"故意违背妈妈的意愿"。可见,"偏"与"偏偏"是同中有异的两个语气副词。

一、表义相同的"偏"和"偏偏"

在 CCL 语料库中,我们还发现了一些"偏"用于主语之前的例句,其中的"偏"都可以换作"偏偏",且换作"偏偏"可能更符合语感。如:

（3）大敌当前,咱们的兵力有限,偏他们两个人尿不到一个壶里。

→大敌当前,咱们的兵力有限,偏偏他们两个人尿不到一个壶里。

（4）上班后男人喝茶、看报，女人谈天，总有些人成为谈资，偏她又总是特立独行，我行我素，自然经常成为别人的话题。

→上班后男人喝茶、看报，女人谈天，总有些人成为谈资，偏偏她又总是特立独行，我行我素，自然经常成为别人的话题。

例（3）、例（4）中的"偏"都可以换作"偏偏"，且替换之后语义几乎没有变化。

但从语料库数据来看，"偏"的这种用法限制较多，"偏偏"的使用频率明显高于"偏"。我们在 CCL 语料库中检索了"偏偏/偏"出现在单音节人称代词前的情况，详见表 45-1：

表 45-1 "偏偏/偏"与单数人称代词共现数据统计

检索项	偏偏你	偏偏我	偏偏他	偏你	偏我	偏他
数量	11	41	44	9	9	10
合计		96			28	

从表 45-1 中的数据可以看出，在人称代词"你/我/他"之前，"偏偏"的使用频率是高于"偏"的。

此外，在单音节程度副词"很/太"之前、范围副词"都"之前、介词"被"之前以及判断动词"是"之前，"偏偏"相对于"偏"也都有明显的使用优势。如：

（5）有的女孩子，爱神的箭往往不能射中她的心怀，偏偏很容易为金钱敞开心扉。

（6）从这几点看来，他应该是个生在豪门的世家子，可是他又偏偏太精明，太冷酷，世家子通常都不会这样的。

（7）健康专家说"不要热衷于买巧克力和爆米花之类食物"，可我们偏偏都爱这样的东西。

（8）这种事本来只有在神话中才会发生的，却偏偏被小高在无意间遇到。

（9）贫煤的四川，能源主角儿偏偏是煤！

例（5）～（9）都表示"某事与主观意愿不符"，但其中的"偏偏"都不宜换作"偏"。

二、表义不同的"偏"与"偏偏"

除了表示"事与愿违"之外,"偏"更多用来表示人的"主观故意"。在教学中,教师可着重强调"偏偏"和"偏"基本语义的不同来将两者进行区分:"偏偏"多用来表示"事与愿违",而"偏"多用来表示"主观故意与意愿相违逆"。后者常常与表示强自主性的"不""要"共现,且"偏"一般都出现在人称代词之后。如:

（10）你让我练,<u>我偏不</u>练。

（11）不少好心人劝她急流勇退,可<u>她偏不</u>,硬是又坚持了两年。

（12）说好了大家一起去,<u>他偏要</u>单个儿去。

（13）叫你别让他们过来,<u>你偏要</u>让他们过来见我。

例（10）～（13）中,"偏不""偏要"都位于人称代词之后,句子都表示当事人主观上违逆某人的意愿。例（10）表示"我故意违逆你的要求",例（11）表示"她故意违逆好心人的意愿",例（12）表示"他故意违逆大家的意愿",例（13）表示"你故意违逆我的要求"。

以下是留学生写作文在使用"偏"的时候出现的偏误:

（14）*我自己明明知道吸烟对身体有害,但是烦恼的时候、思考的时候<u>偏要</u>吸烟,到现在已经不能戒烟了。

（15）*虽然人们对城市里的生活不满意,可他们<u>偏想</u>在城市里住。

可以看出,例（14）、例（15）都没有"主观故意违逆某人意愿"的语义。其中例（14）的"偏"可改为"一定",例（15）的"偏"可改为"还是",或改为"偏偏"。

下面我们对"偏"与"偏偏"的异同做个总结:"偏"有两种语义,第一种语义与"偏偏"相同,表示"事与愿违",可以说主要表达个人的主观评价;第二种语义与"偏偏"明显不同,表示"主观故意违逆",表达的是个人的主观意愿。相应地,在句法上,"偏"也有两种位置分别与之相对应,表达第一种语义时,"偏"常用于主语之前,如例（3）、例（4）;表达第二种语义时,"偏"常用于主语之后,如例（10）～（13）。"偏"表达第一种语义时,句法上限制较多,人们更多会使用"偏偏"。

此外，现代汉语中的"偏偏"只有副词一种词性，"偏"还有动词、形容词用法，教师应注意区分。

46. "竟然赢了"和"居然赢了"一样吗？

"竟然"和"居然"在很多工具书中被用来互训，它们后面都可以连接"没有想到"（原以为不该、不可能或不容易发生）的事，很多时候可以互换。如：

（1）他说这话时我已经在天堂，我气得四肢发抖，不敢相信他<u>竟然如此大胆无耻</u>。

（2）尤其可恶的是，他<u>居然如此大胆</u>，站在大路上提出无耻的要求来侮辱她。

（3）有位八十岁的老先生试用后，发现他的痔疮<u>竟然神奇地好了</u>。

（4）一些常年卧床不起的老人喝了这饮料后，<u>居然"神奇"地痊愈了</u>。

例（1）和例（2）、例（3）和例（4）中的"竟然"和"居然"的后附成分几乎相同，句子语义环境也十分相似，说明两者的语义存在相同之处。

此外，在使用频次、句法位置等方面，两者也没有明显差异。我们在CCL语料库中对这两个词进行了检索，其中"竟然"共出现11 825次，"居然"共出现10 358次。可以看出，两者都是现代汉语中使用频率较高的语气副词。在句法上，它们也都以主语后位置更为常见。表46-1是以人称代词做主语为例，对"竟然"和"居然"的常见位置进行的考察。

表46-1 "竟然/居然"与人称代词共现数据统计

检索项	人称代词+竟然	人称代词+居然	竟然+人称代词	居然+人称代词
数量	1357	1390	2	19

从表46-1可以看出，"竟然"和"居然"绝大多数情况下都用于人称代词之后，很少用于人称代词之前。

"竟然"和"居然"还都常见于小句句首。如：

（5）走到大街上，<u>居然</u>有很多人能认出他来，能叫出他所扮演的角色的名字。

（6）我去洗手间的时候，<u>竟然</u>看到几名同学从洗手间的窗户翻了进来。

在 CCL 语料库中，"竟然"用于小句句首的有 3325 例，"居然"用于小句句首的有 3148 例，使用频次也大致相当。

两者在少数情况下也都可以单用。如：

（7）<u>竟然</u>，她还能活着！

（8）儿子一句"妈！你穿黑袜子和短裙，真漂亮！"<u>居然</u>，不自觉地，便总是穿那套衣服。

那么，是不是可以说，这两个词语完全一样呢？我们在教学中常常会遇到学生提出的问题，如：

（9）a. 这次比赛，我们班竟然赢了。

　　　b. 这次比赛，我们班居然赢了。

这两个句子的语义完全一样吗？

尽管"居然"和"竟然"有着多方面的相同之处，但语言的经济性告诉我们，两个语义相近又同样高频使用的语气副词，一定是存在某种差异的。对于教师而言，可以告诉学生这两个词语都可以表示"出乎意料"，但不可草率地告诉学生"这两个词完全一样"。下面我们来说明"居然"和"竟然"的不同之处。

一、语义强度和主观性

现有不少研究一致认为，尽管都可以用来表达"出乎意料"，但"居然"的语义强度高于"竟然"。与此同时，"居然"带有更多的主观色彩，具体表现为以下三种情况：

（一）意外之事是好事。当意外之事是好事时，"竟然"表达"意外"之情，"居然"表示超出预期或不可思议，会附带明显的感情色彩。如：

（10）一个月以后，小女孩儿的病<u>竟然</u>好了。

（11）这位教练随手拉过一位工作人员，脚下使了个绊，把人家摔在椅子上。弟子一见，茅塞顿开，居然赢了！

例（10）中的"竟然"如果换作"居然"，不仅语义会增强，还会附加说话人的"欣喜"或"不敢相信"的感情色彩。例（11）中的"居然"如果换作"竟然"，超出预期的欣喜之情便会减弱。例（9）a、b两个句子中，b句"居然赢了"可以表达更为强烈的"意外"义。

（二）意外之事是坏事。当意外之事是坏事时，"竟然"表达"不如意"之情，"居然"则表示"极为不满"，或引申出责备、愤怒之意。如：

（12）你是否真的完全精神失常了？就为了要把你的某些女人的直觉告诉我！在半夜，四点钟，你居然把我弄醒！你是疯了，还是哪儿着火了！

例（12）中的"居然"如果换作"竟然"，责备和愤怒的情绪便会减弱。

（三）意外之事为中性事件。此时，"居然"的语义仍强于"竟然"，并带有更多的主观色彩。如：

（13）两个差役又一次交换了眼色，其中一个竟然"噗嗤"一声笑了。

例（13）中的"竟然"仅表示"一个差役笑了"出乎意料，换成"居然"则附带了说话人的"指责"义，表示差役"笑是不应该的"。

此外，两个词语在语篇中共现时，之后连接的句子表示的语义强度往往也有差别。如：

（14）所谓死人战胜活人，早已作古之人的录音自从用现代技术处理之后再度发行，至今竟然有不可遏制之势，居然4盘统统上榜。

（15）他竟然是个不可多得的人物，居然做出了精巧之极的童衣和刺绣品，还有两件工艺品。

例（14）中，"4盘统统上榜"是对"有不可遏制之势"的具体表现，两者相比，前者的"意外"程度更强，主观色彩更明显；例（15）中，"做出了精巧之极的童衣和刺绣品"也是对"他是个不可多得的人物"的具体表述，相比之下，前者的高程度义和主观色彩也更为明显。两个句子都在语义强度较高的内容之前使用了"居然"。

二、共现词语

（一）与高语义强度和高主观性特点相一致，"居然"更常与"天哪！/ 哇！"以及詈骂类词语如"他妈的"等共现。如：

（16）天哪！我居然会忘了！

（17）昨晚打场球，今早居然他妈的下不了床！

（18）我们学校有没有很牛！！！！！哇这事儿居然上腾讯了那么夸张。

例（18）中五个感叹号连用和"哇"一起，都表现了说话人的强主观性。根据 BCC 语料库的数据，"竟然"虽然也可与以上词语共现，但总数都明显少于"居然"。不仅如此，在整个微博语料中，"居然"的使用频率也都高于"竟然"。而在报刊类相对客观的语料中，"竟然"的使用频率则高于"居然"。这种使用频率与"居然"的强主观性特点是相符的。

（二）李秉震等（2021）指出，"竟然"仍有时间上的终竟义，而"居然"的施为者经常是说话人移情的对象。因此，在与"最后 / 最终"等时间义词语共现时，"竟然"的使用频率明显高于"居然"；在与能愿动词"敢 / 能"共现时，"居然"的使用频率明显高于"竟然"。如：

（19）张姨的儿子刚上大学就搬了出去。有一次带了个女孩儿回来，最后竟然不欢而散。

（20）两人跑又跑不出去，出来又不知该怎么办，最后竟然狠狠地藏了起来。

（21）好想知道海绵宝宝说了什么，这俩屁孩儿居然能 high 成这样。

（22）你这个白痴，刚才居然敢一个人在屋里盯了屏幕那么久，哇……

例（21）、例（22）的"居然敢"和"居然能"，也更突显说话人的主观性。

此外，需要说明的是，"竟然"可以说成"竟"，两者语义基本一致；"居然"没有相应的单音节形式。"竟"与"居然"还可以连用，共同表达意外之情。两者连用时有两种语序。如：

（23）想不到这关小晴居然竟会是萧十九妹的徒弟！

（24）还有什么我不曾做过的，而你现在竟居然叫我走开！

根据 BCC 语料库的数据，"居然竟"出现 28 例，"竟居然"仅 9 例。

综上，尽管"竟然"和"居然"有很多共同之处，但也不是完全等同的。

47. "幸好找到了老师"和"好在找到了老师"一样吗？

"幸好"和"好在"都是表"侥幸"的语气副词。说话人由于发现了某种可避免不利情况发生的有利条件，从而产生了侥幸心理，此时可以使用"幸好"或"好在"。两者有时候似乎可以互换。如：

（1）她没有受伤，谢天谢地，她没有受伤！<u>幸好</u>她年轻，身手灵活。

（2）初到纽约，她在学习和生活上遇到不少困难，<u>好在</u>她年轻，适应能力强……

（3）好险哪，<u>幸好</u>前一天刚修好的雨刷帮忙，否则不出事故才怪呢。

（4）老伴儿和小孙子叫天不应叫地不灵，<u>好在</u>有众乡亲帮忙清理了泥石流，否则，房子冲不垮也被泡塌了。

例（1）和例（2）中的"有利条件"都是"她年轻"，例（3）和例（4）的有利条件分别是有"雨刷"和"众乡亲"帮忙。其中的"幸好"和"好在"互换，似乎都不影响句子成立。

由于语义相近，留学生在学习中会出现将两者完全等同的情况。如：

（5）*走的时候也没道别，<u>幸好</u>都是老朋友，不会计较。

（6）*那天我迷路了，找不到学校，<u>好在</u>我打电话给老师，老师帮我了。

例（5）和例（6）意思好像说得通，但是母语者在使用时一般会将其中的"幸好"和"好在"互换：

（7）走的时候也没道别，<u>好在</u>都是老朋友，不会计较。

（8）我迷路了，找不到学校，<u>幸好</u>我打电话给老师，老师帮我了。

相比之下，例（7）和例（8）明显更符合语感。这说明"幸好"和"好在"的语义条件尽管有交叉，但也并不是完全等同的。那么，它们有哪些不同之处呢？

一、语义侧重

两者突显的语义不同，"幸好"强调"幸"，"好在"强调"好"，它们对情境语义的要求不尽相同。具体表现在以下几个方面：

（一）有利条件是不是偶然的

当有利条件具有偶然性时，一般使用"幸好"；而当有利条件是常规存在的事件时，一般使用"好在"。如：

（9）一架隐形战斗机17日在训练时将一枚炸弹误投到了一户人家中。不过<u>幸好这是一枚没装炸药的训练弹</u>，没有造成人员伤亡。

（10）经过匈奴地界时，他又被扣押了一段时间，<u>幸好匈奴发生了内乱</u>，才逃出来回到长安。

（11）看来，打我们上岸踏进王村，便被人家计划好了。倒是我妻子想得开："无所谓，<u>好在饭总是要吃的</u>，也谈不上上当不上当。"

（12）同志们，你们在我这里住了一程子，茅草房舍，什么也不方便，<u>好在咱们是一家人</u>，这没说的。

例（9）、例（10）的"一枚没装炸药的训练弹"和"发生了内乱"都是偶然发生的事件；例（11）"饭总是要吃的"则具有常规性，每个人都要吃饭；例（12）中的"咱们是一家人"也具有持续性而非偶然性。例（9）～（12）中的"幸好"和"好在"不可互换，这也是例（5）和例（6）不符合语感的原因所在："是老朋友"具有常规性，"打电话给老师"具有偶然性。

（二）有利条件是不是"绝对有利"

一般而言，"幸好"连接的是人们公认的、积极有利的条件，即绝对有利条件，这与说话人十分庆幸的心理相符。"好在"则既可以连接绝对有利的条件，也可以连接相对有利的条件。"相对有利"指的是单独来看未必具有积极义，但在特定语境中是有利的、可使说话人感到欣慰的条件。连接相对有利的条件时，一般用"好在"不用"幸好"。如：

（13）监狱差不多都挤不下了，<u>好在每天有病死的老囚犯</u>，每天也有一些解到师管区去的。

（14）旅馆条件很差，没有洗澡水，<u>好在大家都累散了架</u>，冲了冲凉水澡便倒在床上睁不开眼了。

（15）等着你要是拒检，不但打死你，还得打死路上许多行人，<u>好在我们的命不值钱</u>，打死也算不了什么。

（16）其实，金、银、汞、铅、砷等对人体都是有害的，<u>好在用它们炼成的金丹价格十分昂贵</u>，普通人吃不起，所以毒死的只是少数皇帝、大臣和贵族。

例（13）～（16）中，"每天有病死的老囚犯""大家都累散了架""我们的命不值钱"和"金丹价格十分昂贵"，都是在特定情境中才是有利的条件，即相对有利的条件，其中的"好在"都不能换成"幸好"。

（三）情境是不是危急

情境越是具有危急性，出现有利条件时说话人的侥幸语气越强。当情境中包含危险、紧急的因素时，一般会使用"幸好"。如：

（17）另一辆藏在他身后的走私车向他死命一撞，未加防备的他被撞出十几米远，……<u>幸好有路人及时救助</u>，否则，他早已去见马克思了。

（18）在场的人也用汽车把我送到重庆医学院附属医院骨科门诊，经X光拍片检查发现桡骨下端裂了一条小缝，<u>幸好并无错位</u>。

（19）这天，老大做饭时，不小心引燃了堆放在灶旁的柴火，造成火灾，<u>幸好王志强等人及时赶到</u>。

（20）另外在一家超级市场又发现两块有毒的雪糕，<u>幸好及时发现</u>，才免遭毒害。

例（17）～（20）都是事关生死、疾病、意外（火灾和中毒）的情况，都具有较高的"危急性"。使用"幸好"能更加贴切地表达说话人的高度侥幸心理，而"好在"所在的情境常常比较平缓，例（17）～（20）中的"幸好"如果换作"好在"，则情境的危急性就不再突显。例（6）最好用"幸好"，也是因为"幸好"能突显"我迷路了"的紧急性，更能传递"因老师的帮助"而产生的侥幸心理和感激之情。

当说话人主观上有意将危急事件淡化处理时，可以使用"好在"。如：

（21）宋皇说："是啊，刚才内侍一时失察竟然引起大火，好在扑得及时没有引起大灾。"

从例（21）中的"一时失察"可以看出，说话人不想突显"火灾"的严重性，这时用了"好在"而非"幸好"。

当说话人想要表达感激之情时，会优先选择"幸好"。如：

（22）那时候我真不知道怎么办了，幸好有你帮忙！

例（22）中的"幸好"如果换作"好在"，情况的危急性和有利条件出现的必要性都有所降低，因此感激之情也会减弱。

二、句法表现

"幸好"和"好在"的句法表现也有所不同。"幸好"常见于句首（含小句句首），少数情况下可以用于主语之后。如：

（23）要是换了一些想不开的人，心情是够难受的。幸好他们都是很有修养的人，他们相信自己的作为是正直的，失败了也不那么懊丧。

（24）一位获救的姑娘说，她幸好没有买船室卧铺票。

"好在"作为语气副词不能用于主语之后，只能用于主语之前。如：

（25）不管是玉米还是大米，都需要先水解成单糖，好在这种转化也不算费劲。

用于主语之后时，"好在"一般不是语气副词，而是中补结构短语，应注意将两者区分开来。如：

（26）我也特别喜欢毕飞宇。不过我想知道你对这句话是怎么理解的，另外觉得他好在哪里？

例（26）"他好在哪里"中，介宾短语"在哪里"做"好"的补语，"好在"不是词。作为短语时，"好在"还有"好就好在"的用法。如：

（27）这围墙好就好在既有民族风格，又不盲目复古，经济实用，又和原有建筑的风格统一。

此外,"幸好"和"好在"都可以单用,但"幸好"单用明显多于"好在"(CCL 语料库中分别出现 216 例和 66 例)。如:

(28)有宽慰还不行,得用事实来验证。幸好,事实马上就来了。

(29)有天兰姑打电话来说你病了,害我急得要命,好在,两天后她又打电话告诉我你好了。

48. "我又不生气""我才不生气"和"我并不生气"一样吗?

本书第 34 个问题中提到,"并"是用来辩解的,"辩解"属于"辩驳"的一种。"又"和"才"作为语气副词,也有类似的语用功能(见本书第 12 个问题,它们都属于表辩驳的类别)。如:

(1)a. 我又不喜欢他!
　　b. 我才不喜欢他!
(2)a. 我又没有生气!
　　b. 我才没有生气!

那么,怎么理解"又""才"和"并"的不同呢?

一、"又"表辩驳

在交际中,"并"表示辩解时,否定的是在说话人看来对方持有的观点。"又"表示辩驳,否定的是说话人认为的对方话语中可以推理出的前提。下面我们结合例句进行说明。

(3)小凡:好啊圆圆,你竟敢用肥皂做成糖骗我吃,看我一会儿怎么收拾你!

圆圆:小姑我逗你玩儿呢——真不识逗。这又不是毒药。

例(3)中,小凡要"收拾"圆圆,是因为她"被骗吃了肥皂做成的糖"。在圆圆看来,"肥皂糖是毒药"是"小凡说要收拾她"的前提,这个前提可以从小凡的话语中推理得出。"这又不是毒药"是对"肥皂糖是毒药"的直接否定。再如：

(4) 志新：（看到刑警来了）这……这，警民一家人嘛，不是一家人不入一家门儿，你们大老远来的，我也不会招待个人儿，啊，那什么小张（起身）沏茶上烟拿瓜子儿（边向下走）剥糖切西瓜……

男刑警：我们<u>又不是</u>来做客的，用不着这么瞎忙活。

(5) 小凡：对于每个航海家来说海洋动植物学是必须掌握的学科，今天我要给你讲的是鱼类部分的第三小节，……刺尾鱼、鲈鱼、非礼、海鳝、龙头鱼，这些鱼的名称啊，你都给记住，并且能够根据图形把它分辨出来。

圆圆：有这个必要吗？我去航海<u>又不是</u>去捕鱼。

例(4)中，志新说了一些招待客人的话，男刑警认为志新的言语行为是基于一个前提"他们是来做客的"，因此才会用"我们又不是来做客的"来进行辩驳。例(5)中，圆圆认为小凡给她普及鱼类知识，应以"她要去捕鱼"为前提，因此才会说"我又不是去捕鱼"来进行辩驳。

同样地，"又没"也是通过否定对方话语成立的前提来进行辩驳的。特别需要注意的是，"又"否定的前提是说话人自己推理得出的，未必是对方明示的。如：

(6) 傅老：……咱们那个烧锅炉的那个老李头儿的妈妈，改嫁，啊，那么大的喜事儿，你怎么不乐啊？

老胡：那有什么可乐的我，<u>她又没嫁给我</u>。

(7) 傅老：我都这个岁数啦，还活泼个什么劲儿。

和平：活泼不活泼的您也得起床啊……

傅老：<u>又没有什么事儿等着我去做</u>，我为什么要起床？

例(6)中，老胡认为，"有人嫁给我"是"我高兴"的前提，"她又没嫁给我"是对"有人嫁给我"这个前提的否定。例(7)傅老认为"有事儿等着我去做"是"我要起床"的前提，所以在回应"您得起床"时才会用"又没有什么事儿等着我去做"来进行辩驳。这里的前提未必是大家都认可的，却是说话人自己认定的。

二、"才"表辩驳

"并"和"又"表示辩驳的时候一般用于否定句,不能用于肯定句。"才"则既可以用于否定句,又可以用于肯定句。如:

(8) 小桂:(接电话)喂,啊,他们家都不在家,一个人没有……我、我当然是人了,<u>你才不是人呢</u>,哼!(挂电话)

(9) 和平:我就怕时候大了<u>你爸那身体受不了,成天躺床上一动不动的也就比死人多口气儿</u>。

志国:嗨嗨嗨,有你这么说话的吗?<u>你爸才比死人多口气儿呢</u>。

例(8)为否定句,例(9)为肯定句。那么,"才"否定的是什么内容呢?从例(8)和例(9)来看,"才"都是对对方话语的直接反驳:说话人将与自己有关的不利信息直接反驳给对方。如例(8),从"我、我当然是人了"可以推断对方话语中应有"你不是人吗"的表述,所以小桂才会用"你才不是人呢"进行反驳。例(9)中,志国也是用"才"将"你爸比死人多口气儿"直接反驳给对方,这也是对方话语中提到的内容。

"才"后常常有"呢"共现,与"并"和"又"相比,它的语气是比较强的,常伴随说话人的不满、愤怒等情绪,如例(8)、例(9)。如果说"并"是用来"辩解"的,"又"既有辩解又有反驳的意味,那么"才"就是用来直接"反驳"的。三者相比,"才"的语气最为强烈。在人身攻击等较为激烈的争吵场景中,"才"是比较常见的。如:

(10) 老胡妻子:我不姓胡,我嫁给你爹以后……

阿大:不对!我妈跟我说了你姓胡,我还知道你叫胡……狐狸精。

老胡妻子:<u>你才叫狐狸精呢!你妈才叫狐狸精呢!你爸才叫狐狸精呢!</u>

此外,"并""又"和"才"的信息焦点位置有所不同。在用"并"表示辩解的句子中,"并"和否定词以及后附内容都是句子的信息焦点;用"又"表示辩驳的句子中,句子的信息焦点在"又"之后;而用"才"表示辩驳时,句子重音和信息焦点都在"才"之前。试比较:

（11）a. 我和他并不般配。

　　　b. 这又不是毒药。

　　　c. 你爸才比死人多口气儿呢！

根据"又"和"才"表示辩驳的特点，我们可以通过追加语义来分解例（1）和例（2）a、b 句的语义差异。如：

（1）a. 我又不喜欢他！（你不用担心。/我干吗讨好他？）

　　　b. 我才不喜欢他！（谁说我喜欢他了？/你才喜欢他呢。）

（2）a. 我又没有生气！（你不用担心。/你道什么歉？）

　　　b. 我才没有生气！（谁说我生气了？/你才生气了呢。）

例（1）、例（2）中"又"可追加的都是推理性语句，"才"可追加的都是与本句语义类似的反驳句。

49. "多美""好美"和"可美了"一样吗？

语气副词"多""好""可"都可以用来表示感叹，有时还可以进行句法替换。如：

（1）a. 那儿的风景多美！

　　　b. 那儿的风景好美！

　　　c. 那儿的风景可美了！

例（1）中的三个句子都表示说话人对"那儿的风景"的赞叹。其中"多""好""可"除了表示感叹和评价之外，还都蕴含程度义，兼有语气副词和程度副词的特点。很多留学生知道它们都可以表示感叹，但三者又有什么区别呢？

一、"多"表示感叹

"多"有时也用作"多么"。"多（么）"表示感叹时，一般后附形容词或形容词短语，也可以附加动词性成分。说话人使用"多（么）+形容词性/动词性成分"，一般是要引发听话人的互动，期待听话人进行回应的。

（一）多（么）+形容词性成分

（2）看人家多淡定，你个胆小鬼！

（3）瞧瞧！没文化，多可怕！

（4）别哭了，仔细想想，你多幸运啊！能有这么好的机会。

例（2）～（4）中"淡定""可怕""幸运"都是形容词，三个句子中都有互动性词语共现，如"看人家""瞧瞧""别"都体现了"多"的互动性特点。

（二）多（么）+动词性成分

（5）难道我是个自私自利的人吗？你看我对他多么疼爱！只有对国王才这样忠心耿耿。

（6）失主挨完闷棍还在医院躺着呢，您说他现在多么需要这个机器跟亲人取得联系！

（7）你是这样自主，我会拒绝吗？我多希望我当时没拒绝啊！

例（5）～（7）中的"疼爱""需要"和"希望"都是动词，其中"需要"后附宾语，"希望"后有小句。三个句子中也分别有"你看""您说"和反问句"我会拒绝吗？"来体现互动性。

"多"的互动性在于期待对方的回应，例（2）～（7）还都可以追加"你说是不是？"的语义。可见，"多"表示感叹时，一般是需要有听话人存在的。

二、"好"表示感叹

"好"后面也可以附加形容词，表示说话人对人或事物的感叹性评价。如：

（8）他那个样子，好认真啊！

（9）那时真的怕极了，教练好厉害呀！

（10）男孩子玩儿得起劲，猛地一下带板腾空跃起。女孩子拍着手大叫："哇！好棒！美死了！"

例（8）～（10）中的"好认真""好厉害""好棒"分别是对"他""教练"和"男孩子的动作"的感叹性评价，且都是积极评价。

"好+形容词"也可以表示消极评价。如:

(11) 从高山跌到深谷,我跌得好惨!

(12) 你们门卫好差劲哦!差点儿不让我进来!

例(11)、例(12)中"好惨""好差劲"都是消极评价。

"好"后面还可以附加动词,用来表达说话人的心理或感官感受。如:

(13) 那么好的地在那儿荒芜着,农民看了好心疼啊!

(14) 今天见了好久未见的朋友,好开心!

例(13)、例(14)中的"心疼"和"开心"分别表示说话人的感官和心理感受。

与"多"相比,"好"不具有明显的交互主观性。说话人用"好"时,不一定有听话人在场,有时只是说话人不由自主地感叹(如感官和心理感受)。

值得注意的是,汉语中还可以用"好不"来表示感叹。如:

(15) 大家谈笑风生,好不热闹!

(16) 进球之后,队长倒着跑庆祝,和队友跳舞庆祝,好不潇洒!

例(15)、例(16)中,"好不热闹"语义等同于"好热闹","好不潇洒"语义等同于"好潇洒"。

三、"可"表示感叹

"可"常用于"可+形容词+了"结构表示感叹。使用"可"时,一般也需要听话人在场,且与"多"相比,"可"传达的是说话人认为听话人所不知道的信息。如:

(17) "你们还有这服务哪?""我们工作范围可宽了!"

(18) 这个电视剧可好看了!真的,去看吧去看吧……

(19) 哈尔滨可冷了!

例(17)是对话情境,"我们的工作范围可宽了"是说话人认为听话人所不知道的信息;例(18)由"去看吧去看吧"可以得知,"可好看了"是说话人认为听话人所不知道的信息;例(19)说话人只有认为听话人不知道"哈尔滨的气候"时,才会说"哈尔滨可冷了!"。三个句子都可以追加"你不知道吧?"的语义(有关"可"的交互主观性的其他表现,还可以参看本书第18个问题)。

此外,"多"和"好"表示感叹时,还都有"多/好+形容词的+名词"形式。如:

(20)杭州市推行公共自行车服务,环保经济,便民利民。<u>多好的城市</u>!其他城市为什么不参考?

(21)哇……<u>好大的雪</u>!武汉的雪不给力啊。

"可"没有这种表示感叹的用法。

50. "他原来是学经济的"和"他本来是学经济的"一样吗?

语气副词"本来"与表示时间的名词"原来"有用法和语义相近的地方,如:

(1) a. 他<u>原来</u>是学经济的,后来改学了中文。
   b. 他<u>本来</u>是学经济的,后来改学了中文。

(2) a. <u>原来</u>他是学经济的,后来改学了中文。
   b. <u>本来</u>他是学经济的,后来改学了中文。

从以上两组例句可以看出,"本来"和"原来"都有主语前和主语后两个句法位置,且表意都与"以前的时间"有关。在教学中,两者的区别似乎很难讲清。

但留学生写出的以下病句,说明两者是有明显差别的:

(3) *因为我学习考古专业,对这种名胜古迹<u>原来</u>非常有兴趣。

例(3)中的"原来"应该改为"本来(就)"。

"原来"是表示时间的名词,"本来"是语气副词[1]。时间名词也可以自由出现在主语前后,与语气副词"本来"的句法位置重合,这是两者可以互换的句法

---

[1] "原来"也可以用作语气副词,但表示"发现了某种原因",如"我以为是谁呢,原来是他。"该语义与"本来"差别较大。"本来"还有形容词用法(如"本来的样子"),应注意区分。

条件。两者相比,后者是教学中的难点。那么,在"本来"的教学中,应该注意哪些方面呢?

一、常见的复句类型

名词"原来"仅表示过去的时间,但人们使用"本来",却是有意将相关事实或道理突显出来,使其与上下文形成语义上的呼应关系。我们发现,"本来"常用在三种语义类型的复句中:转折关系、因果关系和递进关系。

(一)转折关系复句

我们对"本来"的复句类型做过数据统计,发现它最常见于转折关系复句的前句,其后句常有转折连词"可是/但是"、意外义语气副词如"竟然/居然/却",以及一些隐含"出乎意料"义的词语或格式。如:

(4)<u>本来</u>他们一家的生活渐有起色,<u>可是</u>,不幸的事情再次发生了。

(5)安妮感到很烦恼,她<u>本来</u>是很快乐的,<u>想不到竟然</u>会为别人而烦恼。

(6)<u>本来</u>你想在梦中碰一个好运气,<u>结果</u>,却在脑门上碰了一大疙瘩!

(7)<u>本来</u>这是一个友好的表示,<u>遗憾的是</u>,还是闹出了点儿事情。

例(5)~(7)中,"想不到""结果""遗憾的是"引出的句子都具有转折义。"本来"还常与时间词如"后来、现在、如今"共现,形成转折关系。如:

(8)你<u>本来</u>是我的朋友,<u>现在</u>成为我的敌人了,就把你当作敌人处理!

"本来"用在转折关系前句中,可以使听话人对后续转折义产生一定的心理预期,从而降低转折句的"反预期"程度,试比较例(4)和例(9):

(9)他们一家的生活渐有起色,可是,不幸的事情再次发生了。

与例(9)相比,"不幸的事情再次发生"在例(4)中的意外程度是比较低的。

就语用功能而言,"本来"在转折复句中常用来说明"事实原委"。如:

(10)<u>本来</u>,袁老板也想来的,<u>只是</u>家里有私事急办抽身不得,请二位包涵!

例(10)就说明了"袁老板没有来"的事实原委。

由此我们可以将例（1）和例（2）中 a 句和 b 句加以区分：在回答"他家世代都是经济学家，他怎么学了中文？"这个问题时，为了"说明事实原委"，一般会选择例（1）和例（2）的 b 句，即"他本来/本来他是学经济的，后来改学了中文。"

（二）因果关系复句

"本来"也常出现于因果关系复句中，与"因为/所以/因此"等词语共现。其结构类型表现为"原因句+结果句"和"结果句+原因句"，在两种类型的复句中，"本来"一般都出现在"原因句"部分。如：

（11）社会<u>本来</u>由男女两性组成，<u>所以</u>青少年要了解自己作为男性或女性在社会上所应表现的角色。

（12）他说，在世界杯上，中国队<u>本来</u>"一无所有"，<u>因此</u>不会有什么压力。

（13）关于这次的访问，我也同样感到有点儿失望，<u>因为本来</u>可以期望取得更多的成果。

例（11）和例（12）为"原因句+结果句"，例（13）为"结果句+原因句"，"本来"都用于"原因句"中。

"本来"用于原因句，有突显原因的作用。试比较例（12）和例（14）：

（14）他说，在世界杯上，中国队"一无所有"，<u>因此</u>不会有什么压力。

与例（14）相比，例（12）更突显"中国队不会有什么压力"的原因是"原本就一无所有"。

（三）递进关系复句

"本来"还常见于递进关系复句。"本来"用在表"初始"义的部分，后接"更/还/再/加上/又/而且"等表递进义的词语。如：

（15）上海的初春<u>本来</u>阴冷，<u>加上</u>小雨绵绵，<u>更</u>增寒气。

（16）他<u>本来</u>是学大提琴，<u>而且</u>拉得相当出色。

在递进关系中，"本来"突显初始义，句子整体的高程度义也得到突显。如：

（17）上海的初春阴冷，<u>加上</u>小雨绵绵，<u>更</u>增寒气。

与例（17）相比，例（15）突显上海初春的"阴冷"，在下文语义附加的情况下，"更增寒气"的高程度义就更为明显。

（四）多层复句

有时候，"本来"所在的语段中不止一种语义关系。如：

（18）我本来就是临时聘用的，又这样疯疯癫癫地在外面跑了一年，剧院没必要一直给我留着一个位置。

（19）移情是一种"沾染"，本来父亲是父亲、老板是老板，但是这个儿子把他们搅在一起了。所以，他对待老板的态度和情感，不是老板应该得的。

（20）小暖身边有这样一些女孩子，她们本来胃就小，而且食量还不大，但是发胖依然是困扰她们的问题。

例（18）的最外层是因果关系，其中包含递进关系；例（19）的最外层也是因果关系，其中又包含转折关系；例（20）的最外层是转折关系，转折前句又包含递进关系。

二、"本来"用于单句

除了常见于复句之外，"本来"有时候还用于单句。它常与"就"共现，用来表示理所应当。在CCL语料库中，"本来就"共出现4671条，有人认为"本来就"已成为表示强调的固定格式。如：

（21）教育本来就有"应试"的成分，"应试"本来就是教育的一个必要部分。

例（3）改正之后也属于这类用例。

"本来"可以单用，单用时还可后附"嘛/啊/呀"等语气词。如：

（22）本来嘛，生活就是一个五味瓶。

（23）我本来啊，是个挺宽厚的人，对什么事儿都不太计较，……

此外，"本来"还可以出现在关系从句中。如：

（24）塑胶花经过几次加温最后定型，让本来并不娇嫩的花蕾变得越加光滑和透亮。

例（24）"本来并不娇嫩"一起做"花蕾"的定语。

第五部分　教学理念与案例

51. 语气副词教学应注意哪些方面（一）？

　　首先需要明确一点，语气副词的教学属于语法教学。每个语气副词对语义、语用有不同的要求，其教学势必要一个一个地进行。

　　第二语言语法教学应遵循以下几个原则：（一）精讲多练。其中"讲"和"练"的比例最好能达到4∶6甚至3∶7[①]。"精讲"指的是"讲"的内容和方法应简洁、准确，"多练"指"练"的内容应全面、充分。（二）重视语用。任何语法点的讲练都应当是结构、语义和语用的结合，由于汉语的语用规则有时比语义更重要，而语法学习的根本目的是将语言"用起来"，因此，在教学中应格外重视语用方面。（三）深入浅出。第二语言教学不同于母语教学，教师不能将课本注释直接照搬到课堂上进行讲解，更不能大讲语法理论。而是要通过巧妙的设计，让学生在大量的练习中全面习得，并能够恰当地举一反三。（四）逐个进行。如果一个语法点涉及的句法结构或语义类型较多，应当一个一个地进行教学。

　　面向留学生的语气副词教学是有一定难度的。那么，在进行教学设计之前，教师应考虑哪些方面的内容呢？我们认为，应包括以下几点：一是要明确语气副词的主观性特点，二是要关注语气副词对上下文语义的要求，三是要注意语气副词的语用预设和前提，四是要讲明语气副词的句法特点与句子的焦点问题，五是要明确语气副词特定的语用条件，六是要适度处理词语辨析问题。我们将用两节内容来具体说明。

---

① 这是北京语言大学杨惠元老师提到过的观点。

一、要明确语气副词的主观性特点

语气副词是用来表达主观立场、态度和情感的，这是它们有别于其他词类的本质特点。母语使用者根据语感就能选择恰当的词语来表达相应的主观态度，但对于二语学习者来说，词语的适切性是需要不断学习的。这就需要教师在教学过程中明确告诉学生，比如这个语气副词在这个句子中具体表达了说话人什么样的立场、态度和情感，应当结合情景语义进行具体的说明。

二、要关注语气副词对上下文语义的要求

我们知道，不同的语气副词对上下文语义的要求是不同的。有的有比较明确的语义结构模式，有的经常出现在特定类型的复句中，有的常与固定的句法格式共现，有的常表现出特定的语义色彩。教师应根据语气副词的个性特点，有针对性地设计教学。

（一）明确特定的语义结构模式

一些语气副词如"固然""明明""毕竟""反而""本来"等，有比较固定的语义结构模式（见本书相应的小节）。那么，教师在教学中就要给出带有完整语义结构模式的例句，并将句子所传达的主观立场、态度和情感明确地呈现给学生。如"明明"的后续句常有转折义，在导入讲解时可以进行如下设计：

（出示图片：　　　　　　　　　　　）

教师：请看图片，他们在玩儿什么？

学生：过山车。

教师：过山车好玩儿吗？

学生：好玩儿。

教师：你们怕不怕坐过山车？

学生：怕。/ 不怕。

教师：大卫就特别怕。他不敢去坐，但是他又担心别人说他胆小，所以他说："坐过山车太没意思了。"他说的是真的吗？

学生：不是真的。

教师：他撒谎了，他很爱面子。（表明立场和态度）他明明不敢坐，却说坐过山车没意思。（板书）

（二）要给出常见的复句类型

一些语气副词常出现于固定类型的复句中，那么教学时的例句中就应体现出常见的复句类型，并将句子表达的主观立场、态度和情感向学生讲明。如"反正"常用在条件复句和因果复句中，表达说话人明确、坚决的态度，或用来表达某种推论。"反正"的教学可以进行如下设计：

教师：现在很多人在网上买衣服。你们喜欢吗？

学生：喜欢。/ 不喜欢。

教师：今天玛丽看上一条裙子，特别好看，才50块钱。你们说，她能不能买？

学生：可以买，因为很便宜。

教师：嗯，我们可以对她说：买一件吧，反正也不贵。（板书）我们觉得是可以买的。（立场和态度）那么，你会买这条裙子吗？（问男生）

学生：我不买。

教师：你是男生，所以你肯定不给自己买。（表明立场和态度）你可以说：不管多便宜 / 多好看，反正我不买。（板书）

（三）要给出准确的情景语义

每个语气副词都有特定的语义要求，即使不需要固定的语义结构模式和特定的复句类型，往往也需要语境中存在特定的语义条件。比如"干脆"常用在某事件包含多个行为选项，说话人在比较之后做出了极端性选择的情况下。在教学时，可以进行如下设计：

教师：山本想问麦克一件事。他可以怎么找到麦克呢？

学生：给他发微信，给他打电话……（多个行为选项）

教师：嗯，发微信、打电话都比较方便。可是山本发了微信，麦克没有回；打了电话，麦克也没有接。他有点儿着急了，怎么办？

学生：打电话给他的同屋。

教师：对，干脆打电话给他同屋。（板书）虽然打扰他的同屋不太好，但也许可以最快找到麦克。（极端性选择，主观立场）那么，山本还可以怎么做呢？

学生：去他的宿舍找他。

教师：是的。去宿舍找麦克可能最花时间（极端性选择），但也许可以最快找到麦克。所以这时候也可以使用"干脆"：他干脆去宿舍找麦克吧。（板书）

52. 语气副词教学应注意哪些方面（二）？

三、要注意语气副词的语用预设和前提

很多语气副词的使用都离不开相关的预设，教学设计时就应当将这方面的信息着意突显出来。比如"并"在教学时，可以进行如下设计：

教师：珍妮是玛丽的同屋。同屋一般了解得比较多，对吧？（预设）

学生：对。

教师：但是，她们俩并不熟。（板书）有一天，一个朋友问玛丽，珍妮喜欢什么电影？玛丽不知道，她说——

学生：我并不知道她喜欢什么电影。（板书）

四、要讲明语气副词的句法特点与句子的焦点问题

（一）讲明句法特点

不同的语气副词句法表现有所不同。就其句法位置来说，有的只有一个常见

的句法位置；有的则比较灵活，可以自由出现于主语前和主语后；还有的可以在句中和句尾单用。这些特点教师在教学过程中应通过不同的例句有意识地教给学生，并在总结时明确指出。

在复句关系中，很多语气副词有固定的句法位置。比如"难怪"表示由于说话人新发现了某种原因，对原本感到奇怪的事觉得不奇怪了。"难怪"的位置应在"原本感到奇怪的事"之前，学生常出现很多偏误，都跟弄错了"难怪"的句法位置有关。此外，"难怪"虽然表示说话人的醒悟，但"难怪"前不能添加主语"我"；"恐怕"也有类似特点，尽管表示说话人的揣测，但"我恐怕"是不能说的。这些特点也应当在教学中告诉学生。

语气副词"却"的偏误也常常与句法位置有关，很多学生会将它误用在主语之前。为了避免此类错误，教师在设计练习时可以先将主语给出，只让学生完成"却"之后的部分。如：

"却"的完句练习。

（1）很多人想要成功，却 ＿＿＿＿＿＿＿＿＿＿＿＿＿＿＿＿。

（2）虽然每天工作很累，爸爸却 ＿＿＿＿＿＿＿＿＿＿＿＿＿＿。

（3）大家都去看电影了，麦克却 ＿＿＿＿＿＿＿＿＿＿＿＿＿＿。

（二）讲明句法位置对焦点的影响

对于可以灵活出现在主语前和主语后的语气副词，教师应着意讲解其在不同位置时对句子语义的影响。比如"偏偏"总是位于句子的焦点之前，下面是"偏偏"的一个教学案例：

教师：秋天的时候，香山的红叶特别美。丽珍的朋友们都去拍过漂亮的照片，丽珍也想去拍照。可是她去香山的那一天，偏偏刮了大风。（板书）她拍的照片眼睛都睁不开。你们觉得丽珍的心情怎么样？

学生：心情不好，不开心。

教师：她觉得自己很不走运。（情感和态度）为什么呢？因为别人去的时候，天气很好，偏偏她去的那天刮了大风。（板书）

学生：她应该看天气预报。

教师：说得对。丽珍常常看天气预报，可是偏偏那天忘了。（板书）丽珍也有点儿后悔。（情感和态度）

学生：唉，好吧。

五、要明确语气副词特定的语用条件

有的语气副词对语用场景有比较明确的要求，如"不妨"常用来表示委婉建议，在教学时可以直接设计"提建议"的练习。如：

教师：孟德说最近他常常失眠，因为工作压力太大了。大家有什么建议？

学生：他可以多运动，听听音乐，看个电影放松一下……

教师：大家的建议都不错！我们可以对孟德说：你不妨多运动运动。/你不妨听听音乐。/你不妨看个电影放松一下。（板书）

对于一些语气副词来说，人物的身份关系和情感态度也是非常重要的因素。比如"又"用来表示辩驳时，语气常常比较生硬。下级对上级、学生对老师等，随意使用"又"进行辩驳常常是不恰当的。

在语体方面，语气副词的主观性特点决定了它们更常见于口语对话、叙述性语体，较少或几乎不出现于客观性和科学性较强的说明文、科普性文章以及法律法规当中。对于常见语体，教学中也可进行说明。

六、要适度处理词语辨析问题

不少语气副词容易与其他词语混淆，这是我们涉及了很多辨析类问题的主要原因。但需要明确的是，教师不必主动、刻意地进行辨析教学，以免给课堂增添不必要的麻烦。教师需要做的是，在例句设计时尽量突显所授词语的个性特点。在中高级阶段的教学中，我们不可避免地会遇到学生提出词语辨析类的问题，此时，教师应心中有数，能够给出正确的解答。如果没有准备好，一时不好解答，可以引导学生去思考，日后再来详细讲解。务必要保证所给出的解答是正确的、有理据的。在解答学生的问题时，教师还要能够通过例句将词语的不同展现出来。

总之，语气副词数量多、个性强，每个词语的教学设计都应当是不同的。教师应全面考虑以上六个方面，尽量帮助学生避免可能出现的偏误。

53. 语气副词的导入方法有哪些？

一个完整的语法点的教学应当包括导入、说明、操练、总结等四个基本环节。其中，"导入"是利用旧知识引出新知识，将新的语法点自然而然地呈现给学生的一个过程。导入环节应向学生提供语法点适用的典型情景，让学生初步了解其句法、语义和语用特点。好的导入可以有效地降低教学难度，吸引学生注意力，并能起到活跃课堂气氛的作用。

一、语法教学常见的导入方法

教师应根据所教语法点的特点，并结合教学对象的特点有针对性地进行导入。对于表示静态语义的语法点，可以选用实物、图片等方法，比如用实物地图或图片导入"方位"和"存在句"的教学；一些句法层面有关联的句式（比如"有"字存在句和"V 着"存在句），可以采用"替换法"进行导入。对于表示动态语义的语法点，可以利用现实场景，通过动作展示的方法进行导入，比如"把"字句的教学。

此外，情景法是一种常用的语法教学方法。教师可以利用真实情景，采用提问的方式导入语法点，比如"是……的"句的教学；也可以利用图片、视频等方式创造情景进行导入，比如结果补语、可能补语的教学。

二、语气副词教学的导入方法

语气副词是用来传达主观立场、情感和态度的，这些主观性特点都有赖于特定的情景。因此，情景法是语气副词教学最为常见的方法。

课堂中的情景可以分为两种。一种是真实的场景，教师可利用自身和学生的生活经历引出相关话题；也可让学生根据教师的指示做出相应的动作，创造新的情景。另一种是运用图片、PPT 和视频等媒介将学生带入新的情景，或通过让学生读小故事的方法进入相关情景。利用图片和问答等方式引入情景的方法在上一节已有涉及，这里我们主要介绍如何利用课堂环境创造真实情景导入教学，以及如何通过故事、笑话等方式导入教学。下面结合几个教学案例来进行具体说明。

1. "的确"的导入教学

教师：你们知道吗？老师最近特别累，每天晚上都很晚才能睡。

学生：老师的工作很忙吗？

教师：是的，的确是工作太忙了。（板书）你说得对。（立场和态度）

这是利用真实情景的对话性导入教学，语境信息符合"的确"的语义和语用特点。

2. "又"的导入教学

（教师让雪美根据字条提示问麦克）

雪美：麦克，孟德昨天晚上写作业了吗？

麦克：（诧异）我不知道。

雪美：你为什么不知道？！

麦克：（诧异）我怎么知道呢？

教师：如果麦克是孟德的同屋，就可能知道孟德写作业没有，对不对？可是麦克不是孟德的同屋（否定对方话语成立的一种前提），他怎么知道孟德写作业了没有？（立场和态度）这时麦克可以对雪美说："我又不是他的同屋，我怎么知道他写作业了没有。"（板书）

这是一个创造情景导入教学的案例。其中雪美、麦克和孟德都是班里的学生，并且教师已先了解到孟德和麦克不是同屋。教师应提前准备好两个字条，分两次递给雪美。第一张字条：问麦克"孟德昨天晚上几点睡的？"第二张字条：生气地问麦克"你为什么不知道？"

需要注意的是，学生之间用"又"表示辩驳是可以的，但如果"雪美"换作老师自己，用"又"就不太礼貌了。

3. "竟然"的导入教学

教师：我们一起来读一个小笑话。

> 爸爸教儿子在纸上写了一个"一"字，儿子说"学会啦"。第二天，爸爸在擦桌子的时候，用抹布画了一个长长的"一"，问儿子："这是什么字？"儿子想了半天，说："不知道……"爸爸有点儿生气，说："这是'一'字呀！才一天，你就不认识了吗？"儿子说："啊？！才一天，它竟然长这么大啦！"

（学生读懂故事后笑）

教师：儿子为什么不认识爸爸用抹布写的"一"字了？

学生：他觉得这个"一"长大了。

教师：对，儿子真没想到，（立场和态度）这个"一"竟然长大了！（板书）

这是利用读小笑话导入教学的案例。这种方法可以吸引学生的注意力，还可以实现活跃课堂气氛的目的。

54. 语气副词的教学示例如何选择？

恰当的教学示例对于语法教学都是十分必要的。在语气副词教学中，恰当的教学示例可以帮助学生准确理解和把握语气副词的句法、语义和语用特点，并能帮助学生体会说话人的立场、态度和情感。教师在教学设计时，应尽量选择具有典型特征的场景和例句；尽量选择贴近学生生活、体现真实性的场景；在涉及文化点时，还要注意学生文化背景的不同，要有共识性。此外，还应考虑到趣味性。

一、典型性

语气副词教学的典型示例应当能够全面体现语气副词的句法、语义特点和语用情景。在教学设计之前，教师应当对此有比较准确的把握。比如"千万"最常见于否定性祈使句，用来表示劝阻（或提醒）。以下两个教学示例就集中体现了"千万"的这些特点：

（1）教师：麦克开车去找朋友玩儿，妈妈知道他朋友爱喝酒，所以很担心。她对麦克说——

学生：你千万别喝酒！（板书）

教师：嗯，妈妈希望他一定别喝酒。（立场和态度）

（2）教师：明天8点有听力考试。老师担心有同学迟到，所以常说——

学生：你们千万不要迟到。（板书）

教师：对，因为迟到影响考试，所以老师让大家一定不要迟到。（立场和态度）

这是在导入之后的操练环节使用的教学示例。这两个示例中，使用"千万"的句子都是否定性祈使句，其中"不要"和"别"都是与"千万"共现频率最高的否定词，且两个示例都是交际场景，其情景语义符合"劝阻"和"提醒"的特点。这些都体现了"千万"的典型特征。

二、真实性

体现真实性原则的首要选择就是利用课堂的真实情景展开教学，但不一定所有的教学都能借助真实情景来实现。因此，教师还可以从其他方面来设计教学的真实性，比如情景话题的选择尽量贴近学生的真实生活。由于是学生比较熟悉的场景，选择这样的话题不仅能够吸引学生的注意力，还能引起他们的情感共鸣，从而降低教学的难度。此外，这样的示例也更具有实用性，学生课上练习的句子，下课后就可以用到生活中。如以下"终于"的两个教学示例：

（1）教师：玛丽今天没吃早饭，她第一节课就饿了。到第四节课下课的时候，她觉得怎么样？

学生：饿死了！终于下课了！（板书）

教师：这半天时间太长了！（立场和态度）

（2）教师：今天的作业太多了，麦克写了两个小时。我们可以说——

学生：麦克写了两个小时，终于写完了作业。（板书）

教师：真不容易！（立场和态度）

这两个是"终于"的操练教学示例，分别涉及"上课""吃饭""写作业"等校园生活场景,"没吃早饭很饿"也是学生熟悉的话题和经历,因此学生很容易理解当事人的心情。教师在教学中可以优先选择这类话题。

三、共识性

有的语气副词包含的语义与常理有关。在设计教学示例时,一定要选择教学对象群体都能接受的常理,不要选择有文化局限性的常理。如"毕竟"的教学示例:

(出示图片:　　　　　　　　　　)

教师:大家看这个小孩儿,吃饭吃了一桌子。如果你是他的妈妈,你会生气吗?

学生:不会。

教师:为什么?

学生:因为他是孩子。

教师:那如果他妈妈生气了,我们可以怎么对她说?

师生:虽然他吃了一桌子,但是你也别生气,毕竟他是个孩子。/你别生气,毕竟他是个孩子。(板书)

教师:他太小,不是故意的。(立场和态度)

在这个教学示例中,常理是"小孩子吃了一桌子,妈妈不至于生气"。这符合大部分成年人的认知,具有共识性,学生容易接受。教师应尽量避开缺少共识性认知的内容,以免给教学带来麻烦。

四、趣味性

"笑话"最能体现趣味性,在教学环节如果能够恰当地使用笑话,可以起到活跃课堂气氛的作用。此外,教师还可以根据学生群体的特点,选择大家都比较感兴趣的话题展开教学,来增加课堂的趣味性。如"难怪"的教学示例:

(1) 教师：最近每天下课以后麦克都很忙，为什么呢？

（出示图片：　　　　　　　　　）

学生：麦克有女朋友了！

教师：对！我刚发现，他有女朋友了！难怪他每天下课以后都很忙。（板书）现在我们知道原因了。（立场和态度）

(2) 教师：彼得平时很懒，可是最近每天很早就去跑步了。你们知道为什么吗？

学生：不知道。

教师：我刚发现。原来啊，他喜欢的女生玛丽也在跑步。

（出示图片：　　　　　　　　　）

学生：他去跟玛丽一起跑步。（笑）

教师：是啊！难怪彼得最近起得这么早，原来是跟玛丽一起跑步了！（板书）我开始觉得奇怪，现在知道原因了。（立场和态度）

　　这两个教学示例是针对成年学生群体的，恋爱等话题都是他们感兴趣的内容之一。这样的话题能够吸引学生的注意力，也能够加深学生的印象。如果跟学生比较熟，还可以直接用班内学生替换图片中的人物，这样能够明显引起学生的兴趣，增加教学的趣味性。如果学生是青少年或小学生，教师也可以捕捉其他的兴趣点，将语气副词融进他们感兴趣的话题中。总之，语气副词的教学是灵活的，也是有一些原则、方法和技巧的。

55. 语气副词的操练方法有哪些?

首先我们来了解一下"操练"和"导入"的不同之处。"导入"重在"导引",讲究自然而然地输出目标句,并涉及语法点的基本句法、语义、语用特征。"操练"则重在"练",目的是通过更多的输出,让学生进一步认识并掌握语法点的功能和用法。"导入"在前,"操练"在后,"操练"是对"导入"环节的深入和扩展。因此,"操练"涉及的内容数量更多。"操练"还讲究形式的多样性,一些常见的练习题也可以在操练环节呈现。不同形式的练习考查的是语气副词不同方面的特点。一般来说,语气副词的操练方法大致有以下几种:

一、情景造句

这种方法与"导入"类似。在导入和说明之后,教师继续提供一些任务给学生加以练习。教师可以引导学生一起输出目标句,并对其中的错误加以修正。情景造句的方法考查的内容比较全面,通过学生的输出,教师可以了解到学生是否全面掌握了该语气副词的句法、语义和语用特点。一般来说,借助图片设置情景是比较常见的方法,教师也可以通过文字描述来介绍情景。

二、完句法

不必借助图片、视频等媒介,只提供上文或下文,让学生使用指定的语气副词完成特定的句子。这种方法重在考查学生对语义的理解,也能反映一些句法问题。如"果然"的完句练习:

要求:用"果然"完成下列句子。
(1)天气预报说今天有雨,_____。
　　(参考答案:果然下雨了)

（2）听说他的汉字写得不错，＿＿＿＿＿＿＿＿＿。

（参考答案：果然写得很漂亮）

完句练习应尽量提供能反映语气副词语义特点的上下文，比如"果然"语义上表示"事实与说话人原先预料的情况相符"，上面两个句子都提供了"原先预料的情况"，学生完成这样的练习之后，对"果然"语义的把握就会比较清晰。下面这个完句练习就不太好：

（3）来中国以后我发现，＿＿＿＿＿＿＿＿。（果然）

练习（3）的语义开放性较大，完句难度也较大，最大的问题在于没有提供表示"原先语料情况"的上文。学生可能回答"果然如此/果然很好"，从语法上来看没有问题，但整个句子的语义信息是不完整的。这样的练习有效性就会比较低。在语气副词教学中，要格外注意情景语义的完整性。

三、改句法

改句法指的是教师提供恰当的句子，让学生使用指定的语气副词来写出新的句子。这种方式可以帮助学生进一步掌握语气副词的语义特点。如"到底"的改句练习：

要求：用"到底"改写下面的句子。

（1）麦克还来吗？已经快十二点了。

＿＿＿＿＿＿＿＿＿＿＿＿＿＿＿＿＿＿＿＿＿＿＿＿＿＿＿＿

（参考答案：麦克到底还来吗？）

（2）这本书不是你的，也不是他的，是谁的？

＿＿＿＿＿＿＿＿＿＿＿＿＿＿＿＿＿＿＿＿＿＿＿＿＿＿＿＿

（参考答案：这本书到底是谁的？）

问句中的"到底"表示"追问"，其中包含说话人"急切想要知道答案"的语义。改句练习应提供语义基本对等的句子。"已经快十二点了"和"不是你的，也不是他的"都表现出说话人的急迫性。缺少相应语义的改句练习就不太好，如练习（3）和练习（4）：

（3）麦克还来吗？（到底）

（4）这本书是谁的？（到底）

四、连词成句

这种方法主要用来考查学生对语气副词句法位置的把握情况。连词成句练习中，词语数量不宜过多（如有必要可将其中的部分词语合并为一项），在句法和语义方面还应注意句子的典型性。如"根本"的连词成句练习：

要求：把下面的词语连成一句话。

（1）根本　我　不　唱歌　会

（参考答案：我根本不会唱歌。）

（2）放心　没有　吧　生气　妈妈　根本

（参考答案：放心吧，妈妈根本没有生气。）

（3）他　个　根本　是　就　孩子

（参考答案：他根本就是个孩子。）

这个练习设置了三个句子，其中包括了"根本不""根本没""根本就"三个常见的共现词组，"根本"的句法位置都用在主语"人"（我/妈妈/他）之后。通过这样的练习，学生会对"根本"的句法特点有比较清楚的认识。

五、改错句

有观点认为，第二语言教学最好是正面教学，即教师在课堂上教给学生的句子应尽量都是正确的，应尽量减少病句。但我们认为，在语法教学中，一些常见的错误，教师是可以通过改错句的方式提醒学生避免的，只是不建议大量使用这种方法。如"偏"的改错句练习：

要求：改错句。

（1）*妈妈给她买了新衣服，偏她不穿。

（参考答案：妈妈给她买了新衣服，她偏不穿。）

（2）*大家都希望他同意，他偏同意了。

（参考答案：大家都希望他同意，他偏不同意。）

改错句练习中，错误可以是句法方面的，如练习（1）；也可以是语义方面的，如练习（2）。错句前最好有相应的标志，如"*"或"×"。

六、任务法

任务法是让学生使用指定的语气副词来完成指定任务，这种方法考查学生对语气副词的综合应用。任务法也可以与表演、游戏相结合，以增加课堂的趣味性。比如"简直"的语义中常带有夸张的色彩，可以让学生使用"简直"进行"吹牛比赛"；"才"在对话中常用来"直接反驳对方"，可以让学生表演"吵架"；"千万"常用来表示"劝阻"，可以设置"千万不要找这样的男朋友"的话题让学生来表演；"不妨"常用来"提建议"，教师也可以提出一些学生比较熟悉的问题（如"怎样才能学好汉语呢？"），让学生来"提建议"。

总之，选用哪种操练方法应有针对性。教师可根据所教语气副词的具体特点来选择恰当的操练方法。需要特别注意的是，大部分语气副词对上下文语义是有要求的，在操练时最好不要设置语义信息不完整的单句练习。

56. 如何设计"恐怕"的教学？

一、基础知识

语气副词"恐怕"在句法、语义、语用方面的特点可以概括如下：

句法上：可以用于主语前和主语后；表示说话人对其他事物的担心或揣测时，"恐怕"前不能用"我"。后面常见否定义词语"不""没""V不C"，或其他消极义词语；也可见非消极义词语。

语义上：表示说话人自己（不一定是主语）的不确定性揣测。

语用上：常用来表示说话人担心发生不如意的事，也可仅表委婉语气。

二、教学设计

了解了基础知识，教师应知道，不管句子的主语是什么，"恐怕"句表示的担心、揣测和委婉语气都来自说话人自己；当句子的主语是"我"之外的事物时，不能说"我恐怕"。在教学设计时，可以从它常见的语用特点出发，结合学生熟悉的生活场景进行导入和操练。

（一）"恐怕"表"担心"的教学设计

1. 导入

教师：明天是星期六，朋友说：咱们去爬山吧。可是你看天气预报，明天的天气怎么样？

（出示图片　　　　　　　　　　　　　　）

学生：明天有雨。

教师：你很担心会下雨，（立场和态度）你可以对朋友说：明天恐怕会下雨。/恐怕明天会下雨。（板书）

2. 说明

板书例句：明天恐怕会下雨。/恐怕明天会下雨。

句法特点：S + 恐怕 + VP / 恐怕 + S + VP，这两个句子中，"恐怕"的前面都不能加"我"。

语义特点：表担心、揣测。

语用特点：说话人担心出现不如意的事。

表达对天气的担心是"恐怕"常见的语用场景之一，这个场景也是学生所熟悉的。此外，这两个例句恰好能体现出"恐怕"在句法上的特殊之处。

3. 操练

方式一：描述情景进行问答练习。如：

（1）教师：大卫这个学期常常生病，好多课都没有来。马上要考试了，他能考过吗？

师生：恐怕不能。／我觉得恐怕不能。（板书）

（2）教师：妈妈从美国来看麦克。在饭馆，麦克要了四盘饺子。你觉得他们俩吃得完吗？

师生：我觉得他们俩恐怕吃不完。（板书）

（3）教师：天气很热，我昨天买的肉忘记放冰箱了。我很担心，不会坏吧？

师生：恐怕会坏。／我买的肉恐怕已经坏了。（板书）

"常常不上课，恐怕不能通过考试""饺子太多，恐怕吃不完"都是学生熟悉的生活场景，"肉不放冰箱，恐怕会坏"涉及的是一般的生活常识。这几个例句还告诉学生，尽管"我恐怕"一般不能说，但"恐怕"之前是可以用"我觉得"的。

方式二：看图片回答问题。如：

（1）教师：大家看，这是麦克的考试卷，

（出示图片：　　　　　　）

这是你的考试卷。你们都能得到奖学金吗？

（出示图片：　　　　　　）

师生：麦克应该没问题，我恐怕不行。（板书）

这个例子可以告诉学生,"没问题"是"好事",前面不能用"恐怕";"我恐怕不行"表示的是说话人担心自己"得不到奖学金",可见,"我恐怕"并非完全不能说。

(2)教师:马上八点了,爸爸还在路上。他会迟到吗?

(出示图片:　　　　　　　　　　　)

师生:他恐怕会迟到。(板书)

(3)(出示图片:　　　　　　　　　　　)

教师:大卫在机场,要上飞机了,可是你看天气,他的飞机还能起飞吗?

师生:他的飞机恐怕不能起飞了。(板书)

方式三:完句练习。如:

要求:用"恐怕"完成下列句子。

(1)已经晚上九点半了,超市＿＿＿＿＿＿＿＿＿＿,改天再去吧。

(参考答案:恐怕已经关门了)

(2)坐火车的时候,没有护照＿＿＿＿＿＿＿＿。

(参考答案:恐怕不行)

(3)今天的作业太多了,＿＿＿＿＿＿＿＿＿＿。

(参考答案:我恐怕写不完／大家恐怕写不完)

4. 总结

"恐怕"可以用在主语前,也可以用在主语后,"我恐怕"一般不说,但"我"

表示所担心的事件的主语时，"我恐怕"也是对的。其语义为不确定性揣测，常用来表示担心发生不如意的事。

（二）"恐怕"表委婉语气的教学示例

1. 导入

（出示图片：　　　　　　　　　　　　）

教师：桌子上这么多菜，两个人吃得完吗？

学生：恐怕吃不完。（表揣测）

（出示图片：　　　　　　　　　　　　）

教师：吃不完就会浪费。浪费食物太不好了，是不是？如果你看到朋友浪费
　　　饭菜，你可以对他说什么？

师生：你这样做恐怕不太好。（板书）告诉他不要浪费了。（立场和态度）

2. 说明

板书例句：你这样做恐怕不太好。VS. 你这样做不太好。

句法说明：S + 恐怕……

语用特点：加强委婉语气。

3. 操练

方式一：改写句子。如：

要求：用"恐怕"改写下列句子。

（1）他的汉语水平没有那么高。→＿＿＿＿＿＿＿＿＿＿＿＿

　　　（参考答案：他的汉语水平恐怕没有那么高。）

（2）他那件衣服买贵了。→＿＿＿＿＿＿＿＿＿＿＿＿＿＿

（参考答案：他那件衣服恐怕买贵了。）

（3）你现在才道歉，太晚了。→＿＿＿＿＿＿＿＿＿＿＿＿＿

（参考答案：你现在才道歉，恐怕太晚了。）

方式二：情景练习。如：

要求：根据情景，用"恐怕"说句子。

（1）朋友提议十来个人一起去他的宿舍聚餐，你觉得这样做会影响别人。你可以对他说：＿＿＿＿＿＿＿＿＿＿＿＿＿＿＿＿＿＿＿

（参考答案：咱们这样做恐怕不好。/ 恐怕会影响别人。）

（2）朋友邀请你明天去爬山，可是你要准备 HSK 考试。你可以对他说：＿＿＿＿＿＿＿＿＿＿＿＿＿＿＿＿＿＿＿＿＿＿＿＿＿

（参考答案：我恐怕去不了。）

4. 总结

这些句子里的"恐怕"大都只表达说话人的委婉语气，它的句法位置大多数也是在主语之后。

57. 如何设计"毕竟"的教学？

一、基础知识

我们先对"毕竟"的句法、语义和语用特点进行简单的归纳。

句法表现与所在句子类型："毕竟"可以用于主语前后，也可以单用。常见于陈述句，也可用于感叹句，但不能用于疑问句和祈使句。

语义结构模式：常用于因果关系复句，一种是结果在前，原因在后，表现为"（虽然）A +［（但是）B +（因为）毕竟 C］"；另一种是原因在前，结果在后，表现为"［（虽然）A +（但是）毕竟 C］+（因此）B"。无论哪种情况，"毕竟"都用在表示"原因"的部分。

语用特点：用来突显原因。

"毕竟"与"因为"：都用来引出原因，但"毕竟"突显的是某种显而易见的理由，"因为"不受此限。

"毕竟"与"到底"：都用来引出原因，但"到底"所解释的事实是超出说话人预期的，"毕竟"不受此限制。"到底"还用来追问，"毕竟"没有类似用法。

二、教学设计

从基础知识可以看出，"毕竟"在句法上是比较自由的，句法位置不是教学难点。其语义结构模式大致都存在两层语义关系——转折关系和因果关系，无论哪一种关系处于外层，"毕竟"都用在"因果关系"中。"毕竟"的语用功能就是突显原因。在教学中，教师不用刻意比较它和"因为""到底"的异同，但应做到心中有数。在此基础上，我们仍以成年学生为对象进行教学设计。

（一）导入

教师：这个箱子太重了，田芳搬不动。弟弟比田芳瘦，可是大家看，他搬得动吗？

（出示图片：　　　　　　　　　　　　）

学生：他搬得动。

教师：这是为什么呢？

学生：因为他是男生。

教师：虽然弟弟比较瘦，但毕竟是男生，所以他搬得动。（板书）还是男生力气比较大。（立场和态度）这个句子也可以说：虽然弟弟比较瘦，但是他搬得动，因为他毕竟是男生。（板书）

（二）说明

板书例句：虽然弟弟比较瘦，但他搬得动箱子，因为毕竟是男生。

虽然弟弟比较瘦，但毕竟是男生，所以他搬得动箱子。

句法特点：（虽然）……，（但是）……，毕竟……

（虽然）……，（但）毕竟……，（所以）……

关联词语在句中可以不出现。

语用特点：用来表明显而易见或尽人皆知的原因。比如：弟弟是男生，男生一般比女生力气大。

（三）操练

1. 方式一：延续导入环节的"图片引入情景＋问答"式。如：

（1）（出示图片： ）

教师：大家看这个小孩儿，吃饭吃了一桌子。如果你是他的妈妈，你会生气吗？

学生：不会。

教师：为什么？

学生：因为他是孩子。

教师：那如果他妈妈生气了，我们可以怎么对她说？

师生：虽然他吃了一桌子，但是你也别生气，毕竟他是个孩子。/你别生气，毕竟他是个孩子。（板书）他太小，不是故意的。（立场和态度）

(2)（出示图片： ）

　　教师：这一对父子刚才吵了一架，现在他们和好了吗？

　　学生：他们和好了。

　　教师：为什么呢？

　　师生：因为他们毕竟是父子。（板书）父亲爱孩子，孩子也爱父亲，吵架也没关系。（立场和态度）

(3) 教师：大家看，这是大卫今天刚买的手机。他的新手机怎么了？

　　（出示图片： ）

　　学生：摔坏了。

　　教师：新手机被同桌摔坏了，如果你是大卫，你生气吗？

　　学生：很生气。

　　教师：为什么呢？

　　师生：因为毕竟是刚买的新手机，被摔坏了当然很生气。（板书）我们都能理解大卫。（立场和态度）

2. 方式二：完成句子。如：

要求：用"毕竟"完成下列句子。

(1) 今天阳光不错，但＿＿＿＿＿＿＿＿，我觉得你穿得太少了。

　　（参考答案：现在毕竟是冬天）

（2）如果你要去美国旅行，还是问问玛丽吧，＿＿＿＿＿＿＿＿。

（参考答案：毕竟她是美国人）

（3）他们俩虽然离婚了，但还是经常一起陪孩子，＿＿＿＿＿＿＿＿。

（参考答案：毕竟孩子的成长很重要）

3.方式三：情景练习。如：

要求：根据情景，用"毕竟"说句子。

（1）老张的孩子虽然学习一直特别努力，但是成绩总是不好，老张很着急。你对老张说……

（参考答案：虽然孩子成绩总不好，但毕竟一直特别努力，所以你别着急，多鼓励孩子吧。）

（2）小李觉得工作很重要，所以他常常加班。妻子因此很不开心，她希望你帮忙劝劝小李。你对小李说……

（参考答案：工作虽然重要，但你也不能常常加班，毕竟工作也是为了生活。）

4.方式四：成段表达。如：

读书很累，但我们还是要读书。请用"毕竟"来说一说"我们为什么要读书"。

（参考答案：读书很累，但我们还是要读书，毕竟读书能让我们学到很多知识。／毕竟读书可以改变我们的生活。）

（四）总结

"毕竟"常用来突出某种显而易见的理由，它常常出现在"（虽然）A＋[（但是）B＋（因为）毕竟C]"和"[（虽然）A＋（但是）毕竟C]＋（因此）B"这两种语义结构模式中，它们都包含因果关系。在句子中，"毕竟"可以在主语前，也可以在主语后。

58. 如何设计"宁可"的教学？

一、基础知识

在讲练"宁可"之前，我们先对其句法、语义和语用特点进行归纳。

句法上："宁可"常用于人称代词之后，最常表现为"我宁可"和"他/她宁可"；较多见于"宁可……也……"结构式中，其中"也"后多为否定式。

语义上：表示主观意愿，有"选取"义，即当事人认为可选项都不是最好的，经过比较以后，选择了自认为相对较好的一项。

语用上："宁可"常常用来表达说话人或当事人"一定要做某事"或"一定不做某事"的决心，也可以表示对听话人的"建议"。

二、教学设计

在了解了基础知识之后，教师应认识到，让学生弄清"宁可"的语义和语用特点是教学的重点。两者相比，弄清语义是难点。我们应考虑如何结合"宁可"的语用功能和句法特点，利用恰当的情景化解难题。最好从学生熟悉的话题导入，寻找其兴趣点。下面以成年留学生为对象进行教学设计。

（一）导入

（出示图片：　　　　　）

教师：大家看，下着雨呢，妈妈给孩子打着伞，可是自己的衣服怎么样了？
学生：都湿了。
师生：嗯，妈妈很爱孩子。她想，一定要保护孩子。（立场和态度）虽然自己淋雨也不好，但是她宁可自己淋雨，也不让孩子淋雨／也要保护孩子。（板书）

（二）说明

板书例句：她宁可自己淋雨，也不让孩子淋雨。
　　　　　她宁可自己淋雨，也要保护孩子。
句法特点：S + 宁可……，也……
语义特点：A. 自己淋雨 VS. B. 孩子淋雨（自己不淋雨）
　　　　　妈妈觉得 A 比较好。
语用特点：表示当事人"一定不要做某事"和"一定要做某事"的决心。

选用这个例子进行导入，是因为"妈妈爱孩子"的情理很容易得到认同。对句法、语义、语用的说明能够帮助学生初步掌握"宁可"的特点。

（三）操练

1. 方式一：延续导入环节的"图片引入情景 + 问答"式。如：
（1）教师：大卫从来不旷课，也很少请假。可是，今天学校有课，大家看大卫在干什么？

（出示图片：　　　　　　　　　　　　　　　　　）

学生：看球赛。
教师：因为大卫太爱看球赛了！他不去上课，也一定要看球赛！（立场和态度）我们可以说——
师生：他宁可不上课，也要在家看球赛。（板书）

(2)（出示图片：　　　　　　　　　　　　　）

  教师：很晚了，妈妈对麦克说："睡吧，明天再写吧！"可是麦克一定要今天写完，不睡觉也要写完。（立场和态度）他说——

  师生：我宁可不睡觉，也要写完作业。（板书）

(3) 教师：我的朋友30岁了，家人给她介绍了一个男朋友，希望他们赶快结婚。可是她不喜欢那个男孩儿。她应该跟他结婚吗？

  学生：不应该。

  教师：如果是你，你怎么办？

  学生：我宁可单身，也不要和不喜欢的人结婚。（板书）

以上三个例子表现出了"宁可"的语用功能：表示当事人做某事的决心（"宁可"做出不完美的选择）。针对这几个例句，教师还应进一步说明，"宁可"不一定加"也"与之相呼应，单用也是可以的。如：

(1) 为了看球赛，他宁可不上课。

(2) 为了写完作业，他宁可不睡觉。

(3) 我不喜欢那个人，所以宁可单身。

2. 方式二：完句练习。如：

要求：用"宁可"完成下列句子。

(1) 妈妈病了，他＿＿＿＿＿＿＿＿，也要回家照顾妈妈。

  （参考答案：宁可不上班 / 不考试）

(2) 她有点儿懒，＿＿＿＿＿＿＿＿＿＿，也不自己做饭。

  （参考答案：宁可吃垃圾食品 / 花钱叫外卖）

(3) 妈妈说健康最重要，＿＿＿＿＿＿＿，也不要随便减肥。

  （参考答案：宁可胖一点儿 / 不漂亮）

（4）A：总在饭馆吃饭，太不健康了。

　　　B：是啊，所以我虽然做饭不太好吃，但是＿＿＿＿＿＿＿＿＿＿。

　　（参考答案：宁可在家做饭，也不去饭馆吃）

（5）A：开车两个小时，高铁半个小时，你打算怎么去？

　　　B：我有个大箱子，虽然开车更方便，但我＿＿＿＿＿＿＿＿＿＿＿＿＿。

　　（参考答案：宁可坐高铁）

在课堂上，当学生已经掌握了"宁可"的句法、语义特点之后，这种练习方式可以更快地帮助学生实现多练的目的。

3. 方式三：情景问答。如：

要求：用"宁可"回答问题。

A. 有两个女孩儿：一个很漂亮，不太聪明；另一个很聪明，不太漂亮。如果让你选女朋友，你会选哪一个？

B. 有两套房子：一套在单位附近，很贵；一套比较远，也比较便宜。如果你要租房子，你怎么选？

这个练习要分别提供两个不同的答案，要让学生明白，每个人的选择可以不同，但都可以使用"宁可"来表达决心。

4. 方式四：游戏。如：

要求：以"我的男朋友／女朋友最爱我"为主题，用"宁可"说句子，比一比谁的男朋友／女朋友表现最好。

如：我生病了，他宁可不工作，也要陪我去医院。

　　他宁可自己不花钱，也要给我买礼物。

　　她宁可一个人开两个小时的车，也要来看我。

（四）总结

说话人使用"宁可"，大多时候是要表示（主语）"一定不要做某事"或"一定要做某事"的决心，也可以表示对听话人的建议，其中包含着"经过比较做出了相对较好的选择"的语义。句法上，"宁可"常用于人称代词之后，较多但不限用于"宁可……也……"结构式中。

59. 如何设计"幸好"的教学?

一、基础知识

首先,我们来看"幸好"的句法、语义和语用特点。

句法上:"幸好"常见于句子开头(或小句句首);多用在句子主语之前,较少用于主语之后,也可以单用。

语义上:"幸好"表示"侥幸"义。

语用上:说话人由于发现了某种可以避免不利情况发生的有利条件,从而产生了侥幸心理。

"幸好"与"好在":两者很多时候可以互换。相比之下,"幸好"语境中的有利条件更具危急性、偶然性,且一般是大家公认的积极的有利条件。

二、教学设计

根据"幸好"的特点,教师可以从语义和语用条件入手设计教学示例,让学生在典型情景中学会怎么使用"幸好",并弄清它在句子中的位置。对于"幸好"和"好在"的区别,不必讲得太多,但要准备两者不能替换的例句,并能够通过例句说清楚两者的差异。

(一)导入

(出示图片:)

教师：大家看，这里发生了什么事？

学生：房子着火了！里面有人吗？

教师：幸好没有人。如果有人就麻烦了，是不是？（立场和态度）这时候我们可以用"幸好"：房子着火了，幸好里面没有人。（板书）

（二）说明

板书例句：房子着火了，幸好里面没有人。

句法特点："幸好"常用在句子开头。

语义分析："着火"是不好的事，"里面没有人"是"不幸当中的幸运"，说话人觉得，"幸好里面没有人"，运气还不算最坏。

语用特点："幸好……"常用来表示说话人的"侥幸"心理。

这个导入的例句突显了"幸好"语境中的危急性特点，学生能很快明白说话人的侥幸心理。但"幸好"并不一定出现在特别"危急"的场景，这一点在其他示例中应有所体现。

（三）操练

1. 方式一：图片+情景描述。如：

（1）（出示图片：　　　　　　　　　）

教师：他的车怎么了？

学生：坏了。

220　语气副词

教师：嗯，坏在路上了。人受伤了吗？

学生：人没有受伤。

师生：车坏在路上了，幸好人没有受伤。（板书）运气还不算太坏。（立场和态度）

（2）（出示图片：　　　　　　　　　　）

教师：张老师今天出门的时候，钱包找不到了。大家看，发生了什么事？

学生：她的钱包被偷了。

教师：她觉得很倒霉。可是她也很幸运，大家看，还发生了什么事？

（出示图片：　　　　　　　　　　）

学生：警察抓住了小偷儿。

教师：对，所以张老师说——

师生：幸好有警察！要不然我的钱包就找不到了。（板书）她觉得自己还比较幸运。（立场和态度）

（3）教师：小张今天太着急了，如果赶不上火车，耽误了开会，肯定会被老板批评。大家看，他最后赶上了吗？

(出示图片：　　　　　　　　　　　　　)

学生：赶上了。

教师：他应该没被批评，是不是？我们可以说——

师生：他幸好赶上了火车，才没有被批评。（板书）运气还不错，对吧？（立场和态度）

2. 方式二：完句练习。如：

要求：用"幸好"完成下列句子。

（1）＿＿＿＿＿＿＿＿，要不我肯定忘记他的生日了。

（参考答案：幸好你提醒了我／幸好看到你在买礼物）

（2）今天下午突然就开始下雨了，＿＿＿＿＿＿＿＿。

（参考答案：幸好我每天都带着伞／幸好那时候我在公交车里）

（3）我没想到今天会有考试，不过＿＿＿＿＿＿＿＿。

（参考答案：幸好考试题不难／幸好我昨天复习了）

3. 方式三：情景练习。如：

要求：用"幸好"说句子。

（1）早上玛丽还在睡觉，同屋对她说："七点半了，你怎么还不起床？"玛丽一看，原来她的闹钟没有响。她很感激同屋，她对同屋说：＿＿＿＿＿＿＿＿

（参考答案：幸好你叫醒了我，要不我就迟到了。）

（2）今天回到宿舍门口，我才发现忘了带钥匙。正当我着急的时候，一抬头，看到同屋回来了。我真幸运！我对同屋说：＿＿＿＿＿＿＿＿

（参考答案：幸好你回来了，我正着急不知道怎么进屋呢！）

（3）今天在超市买东西时，王叔叔发现自己忘了带钱包。这时候，他正好遇见了邻居小张，就先借小张的钱买了东西。他很感谢小张，他对小张说：＿＿＿＿＿＿＿＿

（参考答案：幸好遇见了你，要不然我就买不成东西了。）

这些都是会让人产生"侥幸"心理的生活化场景，可以让学生进一步认识使用"幸好"的普遍性。

（四）总结

在可能发生更不如意的事情的时候，发生了比较幸运的事，所以说话人觉得自己还比较幸运，这时候可以用"幸好"。"幸好"一般都用在句子开头。

60. 如何设计"本来"的教学？

一、基础知识

在设计"本来"的教学内容之前，我们先来总结一下有关"本来"的基础知识。

句法特点："本来"的句法位置比较自由，与人称代词共现时，多用于人称代词之后；常与"就"共现；可用于关系从句；可用于句首，也可以单用。

复句类型：（一）转折关系复句，其中"本来"用在前句，后句常有"可是/但是""后来/现在"等引出转折义；（二）因果关系复句，"本来"常用在"原因"部分；（三）递进关系复句，"本来"用在表"初始"义的部分。

语义、语用特点：说话人用"本来"来有意强调事实或事理的真实性，使其与上下文形成呼应关系；常用来"说明事实原委"。

"本来"和"原来"：副词"本来"强调真实性，名词"原来"只表示时间（语气副词"原来"表示发现了某原因，与"本来"差别较大）。

二、教学设计

教师应当知道，只告诉学生"本来"表示"原来"是不够的，只将两者做词性方面的对比也是不够的。应当设计合适的情景，使学生不只明白"本来"怎么用，还应明白什么时候用。但"本来"可以出现的复句类型比较多，在教学时，应当重点讲练本课课文中所涉及的类型,以降低学生学习的难度。下面是"本来"用于转折复句的教学示例。

(一)导入

教师:很多同学看过成龙(Jackie Chan)的电影。他的功夫表演怎么样?

学生:很好。

教师:他的功夫为什么那么好?

学生:他学过功夫。

教师:对,因为他本来就是学功夫的,后来才开始拍电影。(板书)所以他的功夫才那么好。(立场和态度)

(二)说明

板书例句:他本来就是学功夫的,后来才开始拍电影。

句法说明:S + 本来…… / 本来 + S……,转折句

语义特点:强调这件事是真的。

语用特点:说明原因。

选用这个例子进行导入,是因为成龙是很多学生都知道的电影明星,这个话题能够引起学生的兴趣。

(三)操练

1.方式一:延续导入环节的"图片引入情景+问答"式。如:

(1)教师:今天玛丽很早就出门了,可是到学校还是迟到了。为什么呢?

(出示图片:)

学生:因为路上堵车了。

教师：老师问玛丽："你怎么迟到了？"玛丽用"本来"怎么说？

师生：我本来很早就出门了，可是路上堵车了。（板书）所以我才迟到，不都是我的错。（立场和态度）

（2）教师：朋友们都去爬山了，索翡也想去，可是大家看，她怎么没去呢？

（出示图片：　　　　　　　　　　　）

学生：她要考试。

教师：朋友问索翡："你怎么不跟我一起去爬山？"索翡说——

师生：我本来也想跟你一起去爬山，可是我要考试。（板书）所以我不能去，不是我不想跟你一起去。（立场和态度）

（3）教师：大卫刚来中国的时候不会用筷子。现在他在中国已经好几年了，他会用筷子了吗？

（出示图片：　　　　　　　　　　　）

学生：现在他会用筷子了。

教师：我们用"本来"可以说——

师生：他本来不会用筷子，但是现在会了。（板书）他刚来的时候是不会的。（立场和态度）

　　以上示例中的"上课迟到""爬山""用筷子"等，都是学生熟悉的话题，容易被学生理解。

2. 方式二：完句练习。如：

要求：用"本来"完成下列句子。

（1）A：山姆的父母都是医生，他怎么没当医生呢？

　　B：_____，后来喜欢上了音乐。

　　（参考答案：他本来想学医）

（2）A：你寒假有什么打算吗？

　　B：_____，可是妈妈让我回家，所以去不成了。

　　（参考答案：我本来打算去旅行）

（3）A：孩子怎么了？

　　B：_____，来了一只狗，吓哭了。

　　（参考答案：他本来玩儿得挺开心）

这里的完句练习都提供了带有转折义的下文，学生只需要写出语义恰当的"本来"句即可，难度相对较小。这个练习也可以设置得开放一些，比如将下文删除，让学生自己来完成。

3. 方式三：改写句子。如：

要求：用"本来"改写下列句子。

（1）山本不想学英语，妈妈非让她学，所以她去美国学英语了。

_____

　（参考答案：山本本来不想学英语，是妈妈非让她学的，所以她去美国学英语了。）

（2）在商场的时候，我没打算买衣服，可是售货员说这件衣服非常适合我，我就买了。

_____

　（参考答案：我本来没打算买衣服，可是售货员说这件衣服非常适合我，我就买了。）

（3）以前大卫不喜欢网上购物，现在发现了网购的好处，经常网购。

_____

（参考答案：本来大卫是不喜欢网上购物的，现在发现了网购的好处，经常网购。）

改写句子提供的是可以使用"本来"的情景，有的可以直接添加"本来"，有的可以将其中的词语（如"以前"）替换为"本来"。

（四）总结

"本来"句的后面常有表示转折义的句子，用"本来"是要强调这件事是这样的、不是那样的，它常常用来说明事实原委或原因，所以"本来"句的后面也可以有"所以……"。"本来"还有其他用法，不过用在转折关系复句中是比较常见的。

参考文献

北京大学中文系现代汉语教研室（2004）《现代汉语》（重排本），北京：商务印书馆。
邓葵（2005）试说"索性"及"干脆"，《海外华文教育》第1期。
丁险峰（2002）试论"简直+……"结构的句法、语义、语用，《语言文字应用》第4期。
董付兰（2002）"毕竟"的语义语用分析，《首都师范大学学报》（社会科学版）第3期。
杜道流（2005）现代汉语感叹句研究，合肥：安徽大学出版社。
杜道流（2014）拂逆句中的语气副词"还"，《汉语学习》第3期。
方梅（2017）饰句副词及相关篇章问题，《汉语学习》第6期。
方清明（2009）副词"干脆"的用法分析，《云南师范大学学报》（对外汉语教学与研究版）第3期。
古川裕（1989）副词修饰"是"字情况考察，《中国语文》第1-6期。
谷峰（2012）汉语语气副词的语用功能研究综述，《汉语学习》第4期。
郭锐（2002）《现代汉语词类研究》，北京：商务印书馆。
郭修敏（2016）面向TCSL的"简直"语用偏误分析，《湖南科技大学学报》（社会科学版）第4期。
国家对外汉语教学领导小组办公室汉语水平考试部（1992）《汉语水平词汇与汉字等级大纲》，北京：北京语言学院出版社。
国家对外汉语教学领导小组办公室汉语水平考试部（1996）《汉语水平等级标准与语法等级大纲》，北京：高等教育出版社。
何宛屏（2001）说"宁可"，《中国语文》第1期。
胡习之（2002）论口气，《阜阳师范学院学报》（社会科学版）第1期。
胡裕树主编（1987）《现代汉语》（增订本），上海：上海教育出版社。
黄伯荣、廖序东主编（2017）《现代汉语》（增订六版），北京：高等教育出版社。
黄晓红（2015）语气副词"反正"的使用环境及其教学问题研究，《华文教学与研究》第1期。
惠敏（2009）语气副词"恐怕"的多角度研究，河南大学硕士学位论文。
姜艳艳（2013）副词"分明"与"明明"的对比分析，《忻州师范学院学报》第3期。
蒋丽（2019）副词"总算""终于"与"到底"的对比分析，《现代语文》第3期。
孔子学院总部/国家汉办（2014）《国际汉语教学通用课程大纲》（修订版），北京：北京语言大学出版社。

李冰（2009）"果然"与"果真"的用法考察及对比分析，《汉语学习》第 4 期。
李秉震、郑氏明俊（2021）试论"竟然"和"居然"的语法意义，《汉语学习》第 3 期。
李大忠（1996）《外国人学汉语语法偏误分析》，北京：北京语言文化大学出版社。
李杰（2005a）试论现代汉语状语的情感功能，《甘肃高师学报》第 1 期。
李杰（2005b）试论现代汉语语气副词状语的信息功能，《新疆大学学报》（社会科学版）第 2 期。
李杰（2007）现代汉语状位语气副词的预设内容，《暨南学报》（哲学社会科学版）第 5 期。
李劲荣（2007）"实在"句的语义格局与语法制约，《世界汉语教学》第 2 期。
李劲荣（2018）再论"实在"的语法意义，《通化师范学院学报》第 11 期。
李培（2020）"正好"的"好"义研究，《汉字文化》第 1 期。
李泉（1996）副词和副词的再分类，载胡明扬主编《词类问题考察》，北京语言学院出版社。
李泉（2002）从分布上看副词的再分类，《语言研究》第 2 期。
李泉（2014）主观限量强调标记"简直"，《国际汉语教学研究》第 4 期。
李显赫（2012）副词谓语句的句法语义考察——以"不必""未必"为例，《语文知识》第 2 期。
刘丹青、唐正大（2001）话题焦点敏感算子"可"的研究，《世界汉语教学》第 3 期。
刘丹青、徐烈炯（1998）焦点与背景、话题及汉语"连"字句，《中国语文》第 4 期。
刘清平（2001）"却"和"但是"的异同考察，暨南大学硕士学位论文。
刘月华（1999）以"固然""于是"为例谈虚词的用法研究，《汉语学习》第 2 期。
刘月华、潘文娱、故铧（2001）《实用现代汉语语法》（增订本），北京：商务印书馆。
柳真（2020）现代汉语感叹表达研究，上海师范大学博士学位论文。
卢福波（1996）《对外汉语教学实用语法》，北京：北京语言学院出版社。
陆俭明（1980）关于汉语虚词教学，《语言教学与研究》第 4 期。
陆俭明（1982）现代汉语副词独用刍议，《语言教学与研究》第 2 期。
陆俭明（1983）副词独用考察，《语言研究》第 2 期。
陆俭明（1997）关于语义指向分析，载黄正德主编《中国语言学论丛》第 1 辑，北京：北京语言文化大学出版社。
陆俭明、马真（1985）《现代汉语虚词散论》，北京：北京大学出版社。
陆庆和（2006）《实用对外汉语教学语法》，北京：北京大学出版社。
陆雨（2018）确认类语气副词"真的、的确、确实"的比较研究，南京师范大学硕士学位论文。
吕叔湘主编（1980）《现代汉语八百词》，北京：商务印书馆。
罗主宾（2015）汉语语气副词研究述评，《湘南学院学报》第 3 期。
马真（2004）《现代汉语虚词研究方法论》，北京：商务印书馆。

彭小川（1999）论副词"倒"的语篇功能——兼论对外汉语语篇教学，《北京大学学报》（哲学社会科学版）（第5期）。

齐春红（2007）谈"简直"与夸张，《红河学院学报》第3期。

齐春红（2008）《现代汉语语气副词研究》，昆明：云南人民出版社。

齐沪扬（2002）论现代汉语语气系统的建立，《汉语学习》第2期。

齐沪扬（2003）语气副词的语用功能分析，《语言教学与研究》第1期。

齐沪扬主编（2005）《对外汉语教学语法》，上海：复旦大学出版社。

齐沪扬、冯柳慧（2017）语气副词的隶属度量表和语气副词的界定——以"X然"语气副词为例，《对外汉语研究》第1期。

齐婷婷（2016）"幸好""好在""亏得"辨析及对外汉语教学，《六盘水师范学院学报》第5期。

邵洪亮、胡建锋（2015）"固然"的连、副之辩——兼及连词和副词的分界问题，《世界汉语教学》第4期。

沈家煊（2001）语言的"主观性"和"主观化"，《外语教学与研究》《外国语文双月刊》第4期。

史金生（2003a）语气副词的范围、类别和共现顺序，《中国语文》第1期。

史金生（2003b）"索性"的语篇功能分析，《南开语言学刊》。

史金生（2005）"又""也"的辩驳语气用法及其语法化，《世界汉语教学》第4期。

史金生（2011）《现代汉语副词连用顺序和同现研究》，北京：商务印书馆。

苏英霞主编（2015）《语法教学方法与技巧》，北京：北京语言大学出版社。

汪小宁（1996）实词·虚词·中词：现代汉语基本词类划分新探，《安庆师范学院学报》（社会科学版）第3期。

王峰（2007）谈"难怪/原来"与"因为/所以"，《现代语文》第9期。

王力（1943/1985）《中国现代语法》，北京：商务印书馆。

王力（1982）《汉语语法纲要》，上海：上海教育出版社。

王丽彩（2008）"固然""虽然"之辨析，《佛山科学技术学院学报》（社会科学版）第3期。

王瑞烽（2011）"毕竟"语篇的语义结构类型，《宁夏大学学报》（人文社会科学版）第5期。

王自强（1998）《现代汉语虚词词典》，上海：上海辞书出版社。

魏红（2010）"的确/确实"的主观化与语法化：兼议"的确"与"确实"的差异，《云南师范大学学报》（对外汉语教学与研究版）第3期。

温锁林（2010）现代汉语的申辩口气：兼论语气副词的研究方法，《语言研究》第1期。

吴德新（2011）现代汉语副词"简直"的语义考察，《延边大学学报》（社会科学版）第1期。

吴福祥（2004）近年来语法化研究的进展，《外语教学与研究》（外国语文双月刊）第1期。

吴勇毅、吴中伟、李劲荣（2016）《实用汉语教学语法》，北京：北京大学出版社。

肖奚强（2007）略论"的确""实在"句法语用差异，《语言研究》第2期。

谢晓明（2010）"难怪"因果句，《语言研究》第2期。

《学汉语》编辑部编（2012）《〈学汉语〉25 周年精选：外国人汉语学习难点全解析》，北京：北京语言大学出版社。

杨德峰（2005）语气副词出现在短语中初探，《汉语学习》第 4 期。

杨德峰（2009）语气副词作状语的位置，《汉语学习》第 5 期。

杨海明、周静（2018）说"大概"与"大约"释义的科学性——虚词词典释义的精准度与用法说明的概括性，《湖南师范大学社会科学学报》第 1 期。

杨梦（2016）现代汉语语气副词"明明"探析，《韶关学院学报》第 1 期。

杨荣祥（1999）现代汉语副词次类及其特征描写，《湛江师范学院学报》（哲学社会科学版）第 1 期。

杨婉萍（2013）语气副词"明明"与"分明"比较分析，《现代语文》第 24 期。

杨玉玲、孙红玲（2017）《国际汉语教师中级语法教学手册》，北京：高等教育出版社。

姚倩（2021）汉语否定极项"根本"的认知与习得研究，《现代语文》第 1 期。

叶盼云、吴中伟（1999）《外国人学汉语难点释疑》，北京：北京语言学院出版社。

喻国红（2017）"幸好""好在"的对比分析，《安徽文学》第 4 期。

袁毓林（2003）句子的焦点结构及其对语义解释的影响，《当代语言学》第 4 期。

张斌主编（2010）《现代汉语描写语法》，北京：商务印书馆。

张伯江、方梅（2001）《汉语功能语法研究》，南昌：江西教育出版社。

张健军（2013）关联论视角下的转折复句反预期表达现象分析，《世界汉语教学》第 4 期。

张静主编（1980）《新编现代汉语》，上海：上海教育出版社。

张明莹（2000）说"简直"，《汉语学习》第 1 期。

张淑敏（2013）"怪不得"与"难怪"，《嘉应学院学报》第 9 期。

张旺熹、李慧敏（2009）对话语境与副词"可"的交互主观性，《语言教学与研究》第 2 期。

张谊生（1996）副词的篇章连接功能，《语言研究》第 1 期。

张谊生（2000）现代汉语副词的性质、范围与分类，《语言研究》第 1 期。

张谊生（2014）《现代汉语副词研究》（修订本），北京：商务印书馆。

张营（2011）现代汉语语气副词研究，北京大学硕士学位论文。

张云秋（2002）现代汉语口气问题初探，《汉语学习》第 2 期。

张则顺（2011a）"固然"的多角度分析及教学探讨，《云南师范大学学报》（对外汉语教学与研究版）第 5 期。

张则顺（2011b）"实在"句的语义格局和对外教学探讨，《世界汉语教学》第 4 期。

赵春利、石定栩（2011）语气、情态与句子功能类型，《外语教学与研究》第 4 期。

赵春利、杨娟（2021）遂愿副词"总算"的话语关联与情态结构，《当代修辞学》第 5 期。

赵万勋（2015）"索性"与"干脆"语义结构分析及教学应用，《宁夏大学学报》（人文社会科学版）第 6 期。

赵艳芳（2001）《认知语言学概论》，上海：上海外语教育出版社。

赵元任（1979）《汉语口语语法》，吕叔湘译，北京：商务印书馆。

中国社会科学院语言研究所词典编辑室（2016）《现代汉语词典》（第7版），北京：商务印书馆。
周红（2011）"不免""难免""未免"的语义语用分析，《汉语学习》第4期。
周丽颖（2007）时间副词作定语分析，《汉语学习》第2期。
周密（2016）"实在"与"确实"：基于语料库的比较研究，《长治学院学报》第4期。
周明强（2013）疑问性话语标记语疑问梯度的认知探微：以"难道""莫非""莫不是""是不是"为例，《浙江外国语学院学报》第2期。
周萍（2007）基于位置分布的汉语语气副词研究，华东师范大学硕士学位论文。
朱德熙（1982）《语法讲义》，北京：商务印书馆。
朱雯欣（2019）"莫非"的多角度探讨，《汉字文化》第8期。
祖人植、任雪梅（1997）"毕竟"的语篇分析，《中国语文》第1期。
Lyons, J. (1977) *Semantics*. Cambridge: Cambridge University Press.

后　记

2019年下半年，我的师姐郭晓麟教授问我是否愿意参加师爷齐沪扬教授的社科项目。在了解了大致情况后，我欣然答应，同时也感到一些忐忑：参加国家级的学术课题，跟优秀的团队学习，这是十分难得的事；而我虽博士毕业多年，取得副教授职称的时间不长，研究成果数量不多，研究能力也比较有限。但抱着学习的心态，我打定主意，要尽力把这件事做好。

之所以选择语气副词，最直接的原因是我在教学中常会被一些语气副词所困扰。我想，对于非语法专业出身的教师们来说，一定也曾被这个或那个语气副词难住过。我查阅了不少语气副词的研究文献，发现很多问题也是汉语本体研究的难点。齐老师曾对我说，写语气副词太难了。由于我缺少相关研究积累，所以十分理解他的担忧。但我想，越是难做的事，越有去做的意义。我想迎难而上，去"啃"这块"硬骨头"。在查阅资料和分析语料的过程中，我越来越深刻地体会到，汉语中的语气副词大都对语用条件有特殊的要求，它们所具有的主观性大都是隐含的，这就决定了语气副词的学习一定是有难度的。在中高级阶段的学习中，如果语气副词用不好，势必会影响学生的语言水平。我也常感慨语气副词的魅力：一词之差，可能就难以将主观立场和态度表达到位，甚至还可能会闹出笑话。因此，书中所列的问题大都考虑了一线教师的实际需求。受个人经验和研究能力所限，书中不完善的地方可能还有不少，但我真诚地希望这本书能够为被语气副词困扰过的教师们提供一些帮助。

这本书在初拟目录时得到过胡建锋教授、李劲荣教授的指导性反馈；书系组提供的样章给我指明了写作方向，几次网络会议给了我许多具体的写作指导；我曾困惑于习得部分的写作思路，李贤卓副教授的书稿给了我启发；郭师姐亦师亦友，对于我提出的疑问，都会耐心解答。在写作过程中，我的同事隋新老师跟我进行过不少讨论，也给了我不少帮助。初稿完成之后，齐老师建议我将偏误分析部分的题目都改为"……为什么不能说？"一类的问题，这一提议看似是在形式方面的改动，实则是对章节内容提纲挈领式的概括。内容随题目进行调整后，文章的可读性明显提升，让我不禁为之叹服。在修改过程中，我的导师张旺熹教授也为我提出了一些指导性意见，包括一些细节上的文字规范问题，让我十分感动。成书过程中，每个月要向组长汇报进度，我的组长李铁范教授不仅从未给我压力，还常给以宽慰和鼓励。在此一并谢过。此外，还要感谢北京语言大学出版社的郭冰编辑以及其他审稿人，他们严谨、认真的态度也让我受益良多。

  这本书能够完成，还要感谢我的工作单位北京华文学院。住在校内，让我享受到了家、食堂、办公室三点一线的便利条件。特别感谢我的直属领导孔雪梅处长和姚敏副处长，她们得知我忙于书稿写作，没有给我安排上课之外的其他事务，给了我充足的时间。

  两年多的时间倏忽而过，这本书终于即将付梓出版。在这两年多的时间里，我经历了怀孕和生产，有过十分煎熬的时光。身体的不适让我耽误了不少可以写书的时间。2020年8月，儿子不足三岁，女儿出生。为了不影响团队进度，我只得产后百天便开始埋头写作。十分感谢我的公公张金玉一直帮我照顾儿子，并承担了几乎所有的家务；感谢我的表姐胡月霞一年多的时间里帮我照看女儿；也感谢我的爱人给予我的理解和大力支持。父母年迈，无条件地支持我的工作。从小他们教导我言出必行，是支持我最终完成这本书的坚定信念。这本书的出版也能够些许慰藉我内心对家人们的亏欠。

陈晓蕾

2022年6月